図解

いちばんやさしい地政学の本

激動の世界の“今”と“これから”を読み解く

[illegible]有司

彩図社

はじめに

いま世界では、ウクライナ戦争や切迫する台湾有事、北朝鮮のミサイル発射など、物騒なニュースがたえません。

なぜこうした問題が起きるのでしょうか？

たとえば、ウクライナ戦争については、「プーチンが旧ソ連の領域を取り戻そうとしている」などと一般的に解釈されます。

しかし、地図をベースとした「地政学」を使うと、少し違った見方になって、**「ウクライナのような、大国と大国のあいだにはさまれたバッファゾーン（緩衝地帯）はいつの時代でも紛争が起きやすい」**という解釈になります。

まだなじみのうすい方も多いかと思いますが、いま、このような地政学的視点の重要性が増しています。「地政学」とは、地図をもとに政治や軍事を考えていく学問です。軍事理論でもあるため、戦後の日本では封印されていました。

地理というのは、時代が変わっても変わりません。ですから、**変わらない地理をもとにすることで、それぞれの国や地域がとる戦略というのは自ずと決まってくる**、と考えられます。となると、いくら世界情勢が混沌としてきても、その国がとるべき一貫した正しい戦略があるはずだ、となります。地政学ではこう考えるわけです。

本書は、『図解 いちばんやさしい地政学の本』を再編集した地政学入門書で、図解メインの構成としています。「アメリカ」「ロシア」「中国」「ヨーロッパ」「中近東」「アジア」の地政学を順番に見ていきます。

混沌として先の見えない時代だからこそ、普遍的な知である地政学的視点をもつことが大切です。それによって自信をもって世界と向き合うことができるはずです。

【図解　いちばんやさしい地政学の本】

CONTENTS

はじめに……2

第1章 地政学とは何か？

地政学とは、リアルな軍事戦略だ！……8
ドイツと日本で封印された地政学……10
「ハート・ランド」と「ワールド・シー」……12
大国に見る地政学の基本戦略……14
2つのハート・ランドに挟まれた要衝……16
【コラム1】交通インフラと地政学……18

第2章 世界をかき回す覇権国家 アメリカの地政学

ランド・パワーで新世界を支配したアメリカ……20
アメリカ型シー・パワー戦略とは……22
「世界の警察官」をやめたアメリカのパワーバランス戦略……24
米中貿易戦争はどこへ向かうのか……26
パンデミック後のアメリカの行方……28
【コラム2】宇宙と地政学……30

第3章 帝国主義へ回帰する北の大国 ロシアの地政学
なぜロシアは南へ向かうのか？ …… 32
クリミア併合はなぜ起きたのか？ …… 34
ウクライナ問題は今後どうなる？ …… 36
ロシアが握る多大なエネルギー資源 …… 38
【コラム3】 気候変動と地政学 …… 40

第4章 アジアから世界の覇権を狙う 中国の地政学
シー・パワーへの転換をめざす中国 …… 42
尖閣・沖縄から南沙諸島を狙う …… 44
マージナル・シーの結節点、台湾がほしい中国 …… 46
ユーラシア支配を狙った中国の「一帯一路」 …… 48
【コラム4】 半導体と地政学 …… 50

第5章 EUの存在が揺らぎ始めた？ ヨーロッパの地政学
なぜヨーロッパは1つになった？ …… 52
シー・パワーの教科書 海洋国家イギリス …… 54
ランド・パワーのドイツの戦略 …… 56
パンデミック後の欧州の憂鬱 …… 58
【コラム5】 海流と地政学 …… 60

第6章
紛争と大国の思惑が渦巻く
中近東の地政学

人工的国境画定で書き替えられた中東……62
アメリカと対立を深めるシーア派の大国・イラン……64
中東覇権を狙うトルコの地政学……66
イランと対立するイスラエル……68
【コラム6】エネルギーと地政学……70

第7章
大国の情勢を映す
アジアの地政学

大国のバッファゾーンとなる朝鮮半島……72
東南アジア諸国の戦略……74
中国・パキスタンに包囲されるインドの地政学……76
今後の日本がとるべき戦略は？……78

第1章

地政学とは何か？

第1章
地政学とは何か？

地政学とは、リアルな軍事戦略だ！

地政学とは何なのか？

地理的条件を出発点とする きわめて「現実的」な軍事戦略

島国

・日本
・イギリスなど

内陸

・ハンガリー
・オーストリアなど

大国に挟まれた国

・東欧諸国
・中東諸国など

半島

・朝鮮半島
・アラビア半島など

地図を戦略的に見る

「地政学（Geopolitics：ジオポリティクス）」とは、かんたんにいえば、「軍事戦略の理論」です。**地図を戦略的に見て、どうやって空間を支配するのか、どうやって自分の国を守るのか**を考えるものです。

すべての国は、地理的条件から逃れることはできません。海に囲まれていたり、内陸にあったり、大国に挟まれていたり、半島につきでていたり、有史以来ほとんど変わらない地形のもとに成り立っています。

つまり、「それぞれの国は、ずっと同じ地理的条件のうえに成り立っていて、その条件をぬきにして戦略をねることはできない」ということです。この考え方は、地政学の重要な出発点になります。

地政学には、２つの基本的な概念があります。それが、**「ランド・パワー（大陸国家）」**と**「シー・パワー（海洋国家）」**です。

陸に強いランド・パワーには、ロシアやド

Point

地政学は、混沌とした世界情勢を把握するときに重要なツールになる

2つの基本的な概念

ランド・パワー
＝
陸に強い大陸国家
ロシア、ドイツ、フランス、中国など

シー・パワー
＝
海に強い海洋国家
イギリス、日本、アメリカなど

◆ランド・パワーvsシー・パワーの例

・**モンゴル軍の襲来（元寇）**
世界最強のランド・パワー国家だったが、シー・パワーの日本に敗北

各国の特徴に適した戦略をとることが、自国を守ることにつながる

↓

より現実的な、地政学の視点で考える時代になっている

イツ、フランス、中国があります。海に強いシー・パワーには、島国のイギリスや日本、またアメリカも大きな島国と見ることができて、ここに分類されます。

世界の国をランド・パワーとシー・パワーに分類して観察するだけでも、国際情勢はよりクリアに見えてくるでしょう。

リアルな地政学が前面に出てきた

地政学は、とても「現実的」で「実践的」な軍事戦略です。過去の戦争では、開戦の理由として、「共産主義から資本主義を守るため」「テロとの戦い」などの物語がつくられました。このような「イデオロギー」とよばれる物語によって戦争の理由づけがされます。

しかし、**現実には、領土や植民地の拡大、防衛上の拠点の獲得、資源の獲得などが戦争の本当の目的だったりします**。いまやイデオロギーのベールがはがされ、地政学的な戦略が前面に出てきています。たとえば、中国の習近平《しゅうきんぺい》は、地政学的な観点から香港・台湾を手放そうとはしません。

イデオロギーという理想で語られる時代は終わって、かつての帝国主義時代のように地政学で考える時代になっているのです。

ドイツと日本で封印された地政学

地政学の基本理論を唱えた学者たち

ハルフォード・マッキンダー
〔イギリス、1861〜1947〕

ハート・ランド理論
＝ユーラシア大陸の中心にあたるハート・ランドを制するものが世界を制する

アルフレッド・マハン
〔アメリカ、1840〜1914〕

ワールド・シー理論
＝太平洋や大西洋など、世界の大きな海洋を支配するものが世界を制する

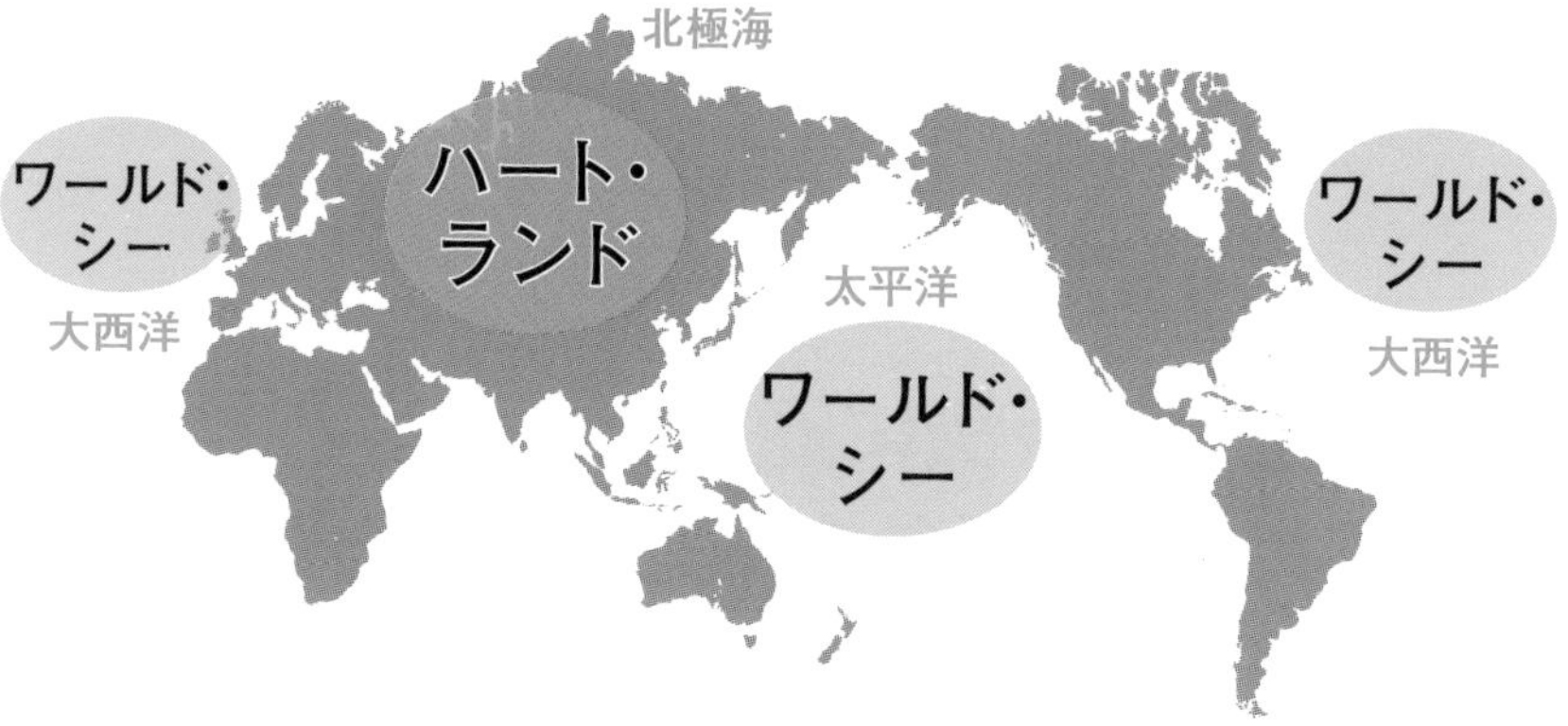

領土・植民地拡大のために研究された軍事的な戦略が地政学のベースにある

帝国主義のための理論

19世紀、欧米列強は領土や植民地を拡大するために世界各地で激しく争いました。「帝国主義」です。そのときに研究された軍事的な戦略が、地政学と呼ばれるようになりました。

地政学の発展においてもっとも影響力のあった人物は、イギリスのマッキンダーです。

マッキンダーは、基本的には本国であるシー・パワーのイギリスの戦略を考えていますが、彼が唱えた地政学のベースとなる理論が、**「ハート・ランド」**という考え方です。

ハート・ランドは、ユーラシア大陸の中心部で、ロシアの領域です。かんたんにいうと、**「ハート・ランドを制するものは世界を制する」**という考え方になります。

マッキンダーと前後してアメリカで活躍したのが、海軍少将であり学者でもあったアルフレッド・マハンです。マハンはシー・パワーのイギリスの戦略を研究した結果、大陸に着目したマッキンダーとは対照的に、海に着目

Point

自国の領土拡大を目的とした学問のため戦後は「戦争の学問」と危険視された

戦前のドイツと日本における地政学

ナチス・ドイツ

ハウスホーファー
将軍

東方拡大と植民地の拡大が
ランド・パワーであるドイツの
目指す方向である

**戦後は「ナチスの哲学」として危険視され、
学問としての地政学はほぼ消滅した**

日本

海外の地政学を輸入し、さまざまな学派が誕生

・マハンの海洋戦術
・ハウスホーファーの「パン・リージョン理論」
＝世界をアメリカ・ソ連・ドイツ・日本で４分割し支配する
⇒「大東亜共栄圏」の思想につながる
⇒国内のランド・パワー派に影響を与え、ドイツと同盟へ

敗戦後、「戦争の学問」として完全に封印される

した「ワールド・シー理論」にいきつきました。**「太平洋や大西洋など世界の大きな海洋を支配するものが世界を制する」**という考え方です。

アメリカはもともとはランド・パワーの国でしたが、マハンの理論をきっかけに、シー・パワーに転換していきました。

ナチスの基本哲学だった

ドイツでは、フリードリッヒ・ラッツェルとルドルフ・チェレーンの2人によって地政学の基礎がきずかれました。2人の考え方のベースには、「強いオオカミの群れが弱い群れのなわばりを奪う」という自然の法則があります。

また、第2次世界大戦前には、ハウスホーファー将軍が**ランド・パワーのドイツが向かうべき方向には東方拡大と植民地拡大がある**と唱えました。これは、ヒトラーの「強いドイツ」というビジョンと重なり、彼は「ナチズムの哲学者」と呼ばれるようになります。

また、戦前の日本でも海外の地政学を輸入し、さまざまな地政学派が生まれていました。マハンの海洋戦術やハウスホーファーのビジョンなどです。

しかし、両国は戦争に敗れ、戦後、地政学は「ナチスの哲学」「戦争の学問」として危険視され、封印させられてしまいました。

「ハート・ランド」と「ワールド・シー」

ハート・ランドとワールド・シー

ハート・ランド		ワールド・シー
ユーラシア大陸の中心地	場所	太平洋・大西洋などの海洋
侵攻が難しく守りが堅いが、攻撃面では不利	特徴	海を制したシー・パワーの国が世界の覇権を握る
ロシア	支配している国	——

ハート・ランドをおさえるロシアは不凍港を求めて南へ下る政策をとる

ハート・ランドとワールド・シー

マッキンダーが唱えた「ハート・ランド」ですが、これは**ユーラシア大陸の中央部**で、ランド・パワーのロシアの領域にあたります。この地域を流れる大河は、黒海やカスピ海、オホーツク海へ注ぐ川をのぞくと、すべて北極海に注ぎます。しかし、北極海はつねに凍っているので、シー・パワーの軍艦が海から川をさかのぼってこの地域に侵攻することはできないのです。これが「ハート・ランド」の意味です。**この難攻不落の安全地帯を持つ国は、絶対に倒れません**。「ハート・ランドを制するものは世界を制する」が表す意味です。

ハート・ランドと対照をなすのが、マハンの「ワールド・シー理論」です。かつて、**スペインやイギリスなど強大なシー・パワーを持った国が世界の覇権をにぎってきた**ことを重視し、「世界の大きな海洋を支配するものが世界を制する」と考えました。

Point

海洋と大陸を制するには、周辺地域の「マージナル・シー」「リム・ランド」が重要

リム・ランドとマージナル・シー

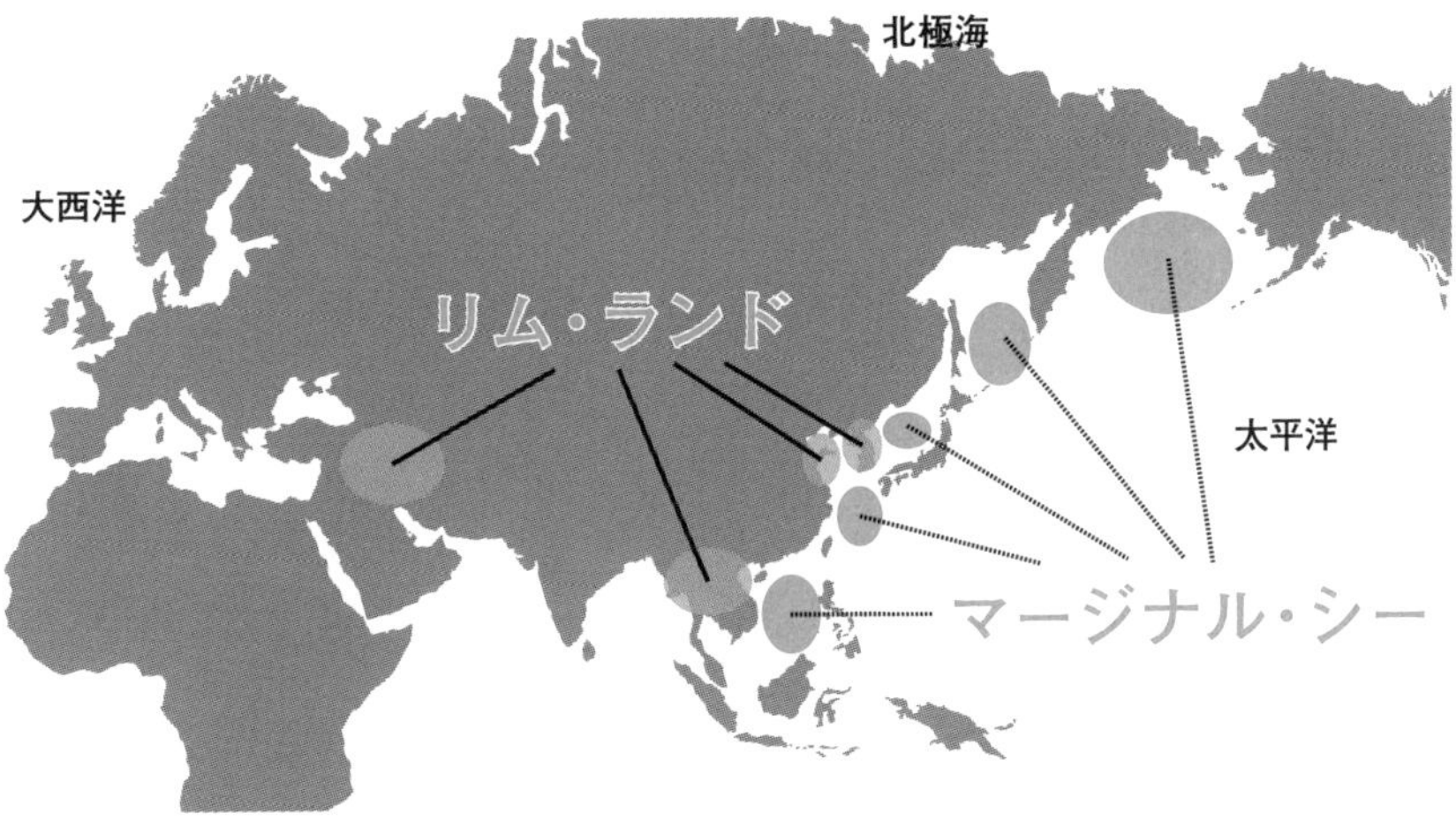

リム・ランド	マージナル・シー
・朝鮮半島	・オホーツク海
・山東《さんとう》半島	・ベーリング海
・インドシナ半島	・日本海
・中東地域	・東シナ海
	・南シナ海

マージナル・シーの支配は
リム・ランドの支配につながる

マージナル・シーは世界の覇権に通じる要衝

リム・ランドとマージナル・シー

発展型として、**「リム・ランド」**と**「マージナル・シー」**という考え方があります。

まずリム・ランドですが、これは**ハート・ランドの周辺地域（リム）**を重視する考え方です。空軍の登場によりエア・パワーの時代に移ると、このリム・ランドの重要性がうかびあがってきました。

海軍と空軍があれば、まずはリム・ランドを支配し、そこから真ん中のハート・ランドを支配できると考えられたからです。つまり、**「リム・ランドを支配するものが、ハート・ランドを制する」**ということです。

一方、リム・ランドの海洋版が、**「マージナル・シー」**、つまり「縁海《えんかい》」のことです。**大陸の外側の弧状《こじょう》列島や群島、半島によって囲まれた海をさす**ので、つまりこれは、リム・ランドの周りの海ということになります。

リム・ランドと同様に、**マージナル・シーの支配がワールド・シーの支配につながります**。さらに、マージナル・シーの支配は、リム・ランドの支配にもなりますので、その先にハート・ランドの支配をうかがうことができます。

ですから、マージナル・シーは地政学的にとても重要なスポットになります。

世界のチョークポイントとシー・レーン

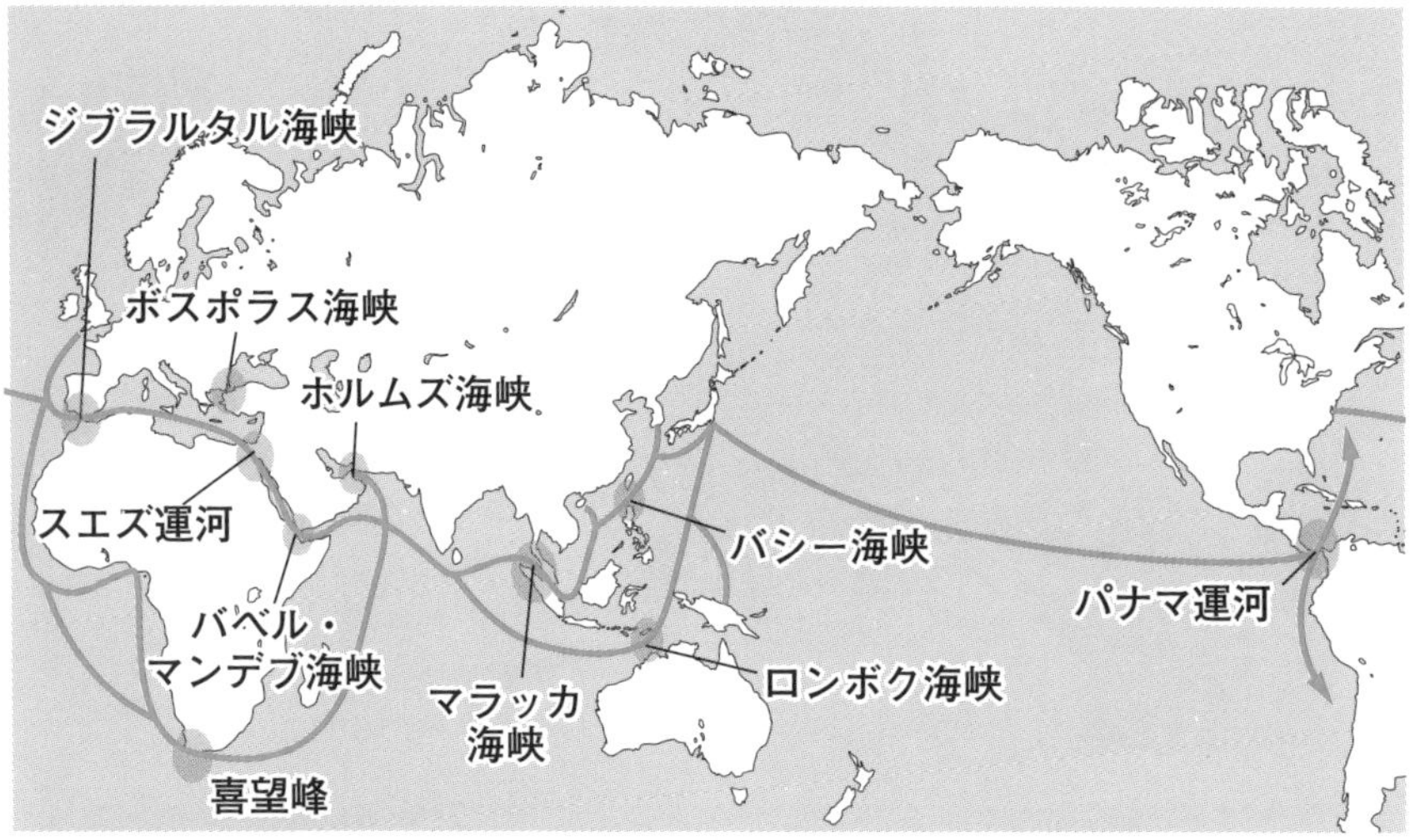

19世紀のイギリス

ジブラルタル海峡→喜望峰《きぼうほう》→中東→
インド→マラッカ海峡→香港にいたる
海上交通の要衝をおさえる

ユーラシア・アフリカ両大陸を
囲むようにシー・レーンをきずく

シー・パワー国家にとってシー・レーンの確保は重要

バランス・オブ・パワー

地政学にもとづく代表的な戦略に、**「バランス・オブ・パワー（勢力均衡）」**という考え方があります。

シー・パワーのイギリスは、昔から一貫して、この戦略を適用しています。「ヨーロッパ大陸に覇権を求めない。ただし、ヨーロッパに強力な単一国家があらわれたときにはイギリスの脅威になるので戦う」というものです。このようにして、**ヨーロッパ大陸内でそれぞれの国の力が拮抗するようにしています。**

かつて7つの海を海軍力によって制覇し、「世界帝国をきずいた」といわれたときでも、イギリスはヨーロッパ大陸を直接支配していたわけではないのです。

シー・レーンとチョーク・ポイント

イギリスは7つの海を支配しましたが、そ

Point

地政学的な要衝「バッファゾーン」や「チョーク・ポイント」は紛争が起きやすい

世界の主なバッファゾーン

大国と大国のあいだに挟まれた中間地帯

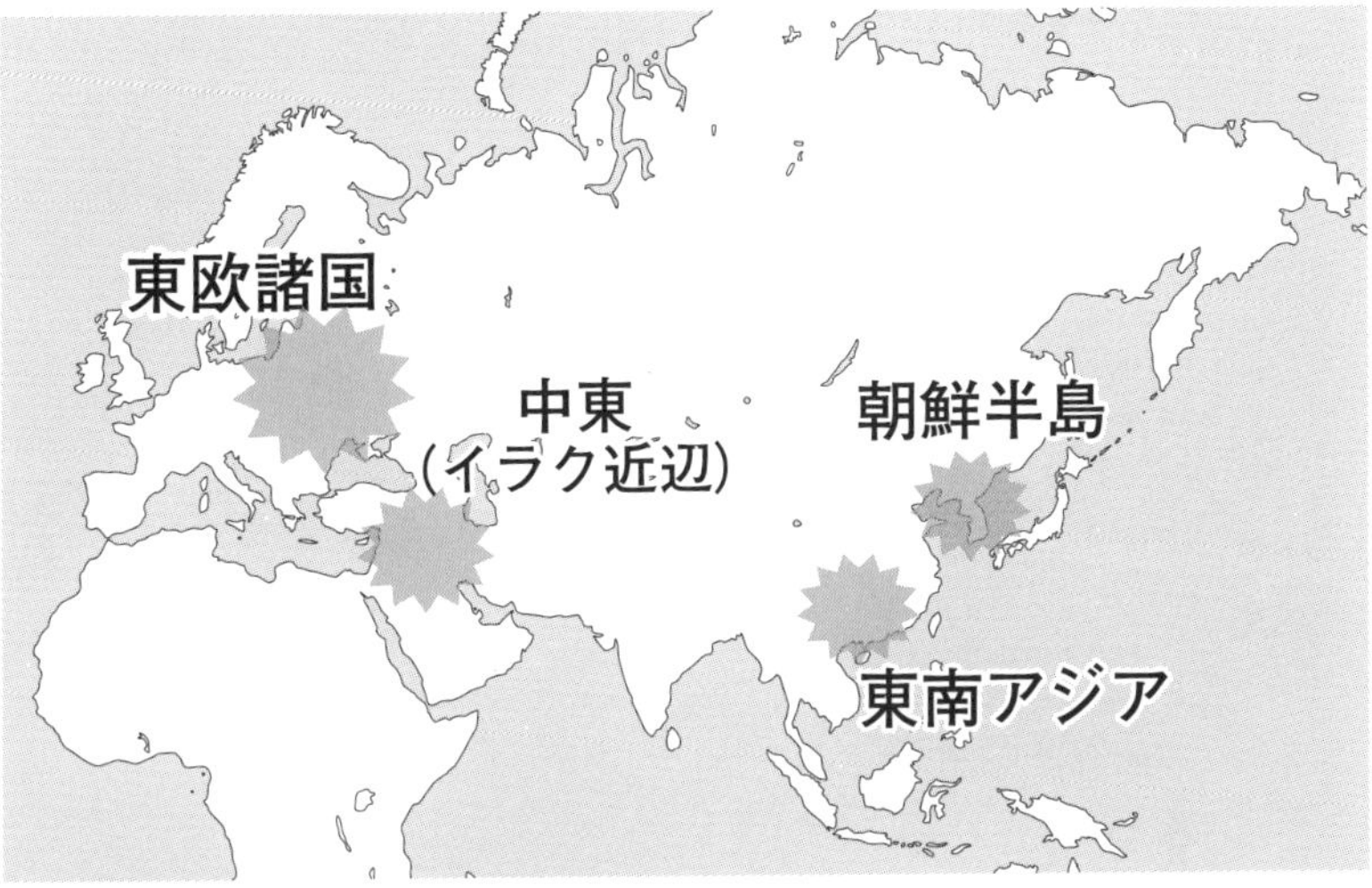

バッファゾーンにおける争い

朝鮮半島 … 日本 ✴ 中国（清）
日本 ✴ ロシア

東欧諸国 … ヨーロッパ ✴ ロシア

どちらの大国も影響下に置こうと干渉してくる

↓

大国同士の代理戦争が起き、紛争地域になりやすい

れは大洋の全体をくまなく支配したわけではありません。基本的には、**自国の貿易を守るための安全な海上交通路である「シー・レーン」を確保した**、ということになります。

また、シー・レーンに関連して、「チョーク・ポイント」という戦略があります。

「チョーク（choke）」とは、「首をしめる」という意味で、**シー・レーンをおさえるときに要衝となる海峡や運河**があります。ここをおさえれば、最小限の海軍で効果的に支配できるというポイントです。

バッファゾーン

バッファゾーンとは、いわば**大国と大国のあいだに挟まれた中間地帯**です。

大国は、敵国からの直接の侵攻を防ぐため、周辺の地域をバッファゾーンととらえ、その地域を影響下に置こうとします。しかし、ほかの国もバッファゾーンに干渉してきますので、衝突が起きやすくなります。つまり、**バッファゾーンでは大国と大国の代理戦争が起き、紛争地域になることが多い**のです。

東アジアでは朝鮮半島、ヨーロッパでは東欧諸国がこれにあたります。歴代の日本と中華帝国や、旧ソ連と西側諸国は、直接の対決を避けるためにバッファゾーンを構築しました。

2つのハート・ランドに挟まれた要衝

19世紀のグレート・ゲーム

グレート・ゲーム…大国同士の覇権争い

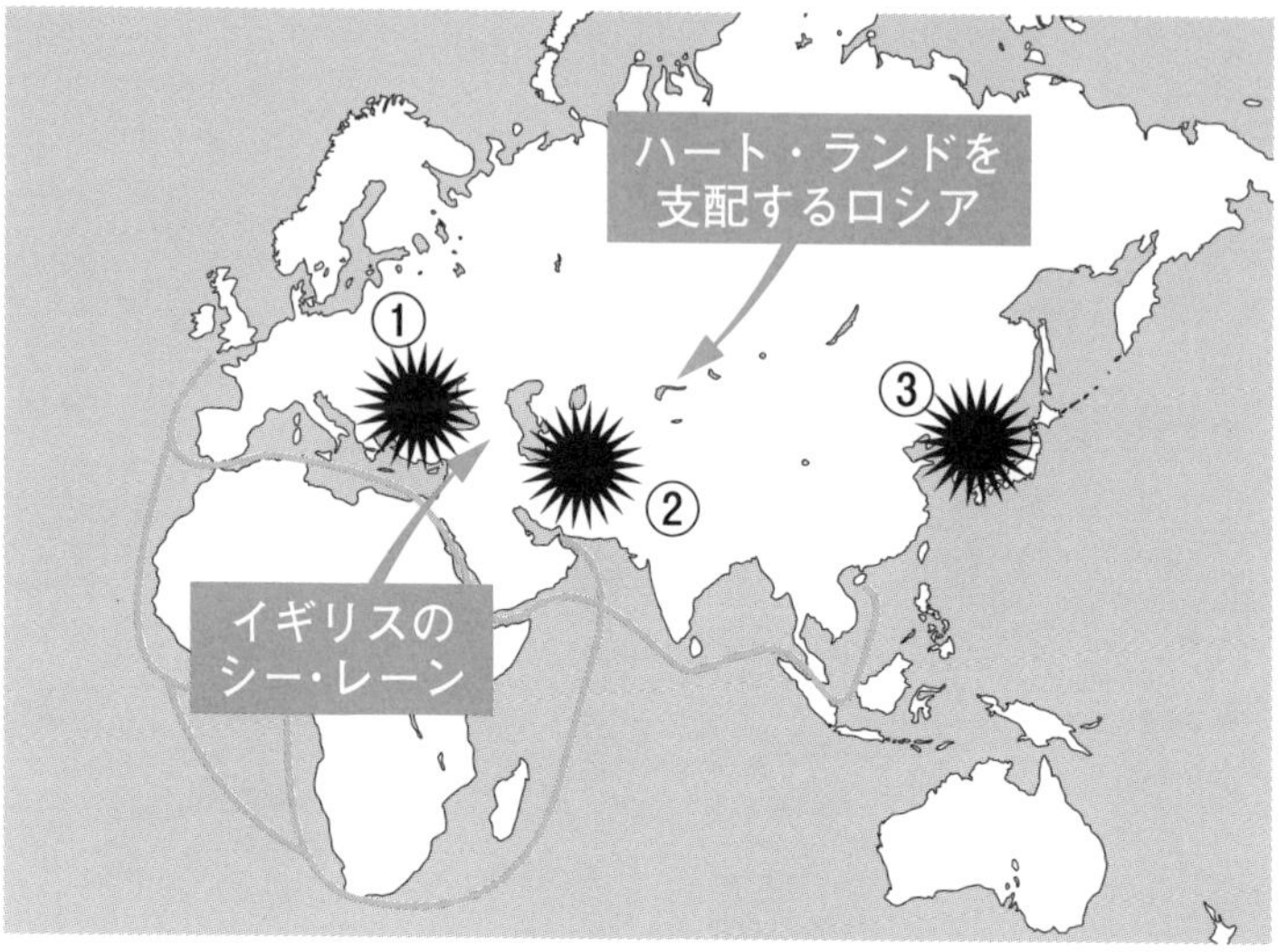

①クリミア戦争（1853～1856）
②第２次アフガニスタン戦争（1878～1881）
③日露戦争（1904～1905）

ハート・ランドを挟んで覇権争いを演じる

↓

紛争の舞台になるのはバッファゾーン近辺

ハート・ランドとグレート・ゲーム

19世紀後半の世界は、ロシアがハート・ランドを支配していました。そして、イギリスはアフリカ大陸からユーラシア大陸にかけた沿岸をとり囲むようにシー・レーンを構築し、この一帯に植民地帝国をきずいています。イギリス艦隊はハート・ランドに侵入できません。

一方のロシアは、鉄道を敷設して大陸の外に向かって膨張をはじめていて、イギリスの脅威となりはじめていました。

ここでイギリスとロシア、**2つの大国が覇権争いを演じます。これが「グレート・ゲーム」です。**その後、大国間のグレート・ゲームは冷戦時代のアメリカとソ連が演じ、現代では、中東が舞台となっています。

南のハート・ランドとの接続地域

Point

ハート・ランドに挟まれたアラビア半島が現代のグレート・ゲームの舞台になる

現代のグレート・ゲーム

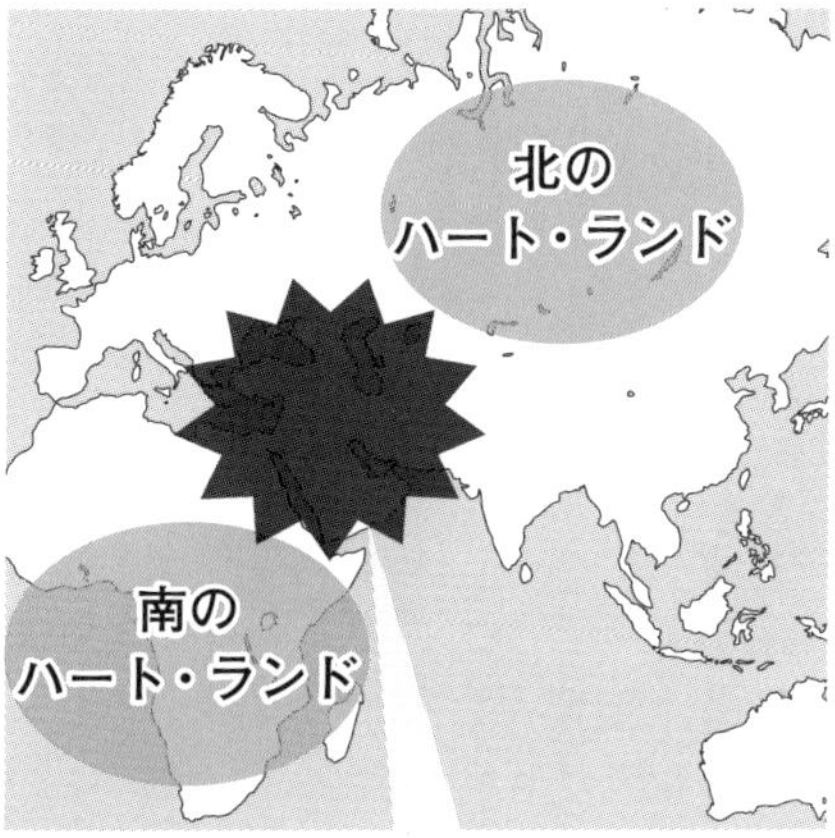

ポイントは「2つのハート・ランド」の中間地帯

＝

現代の紛争の舞台はアラビア半島

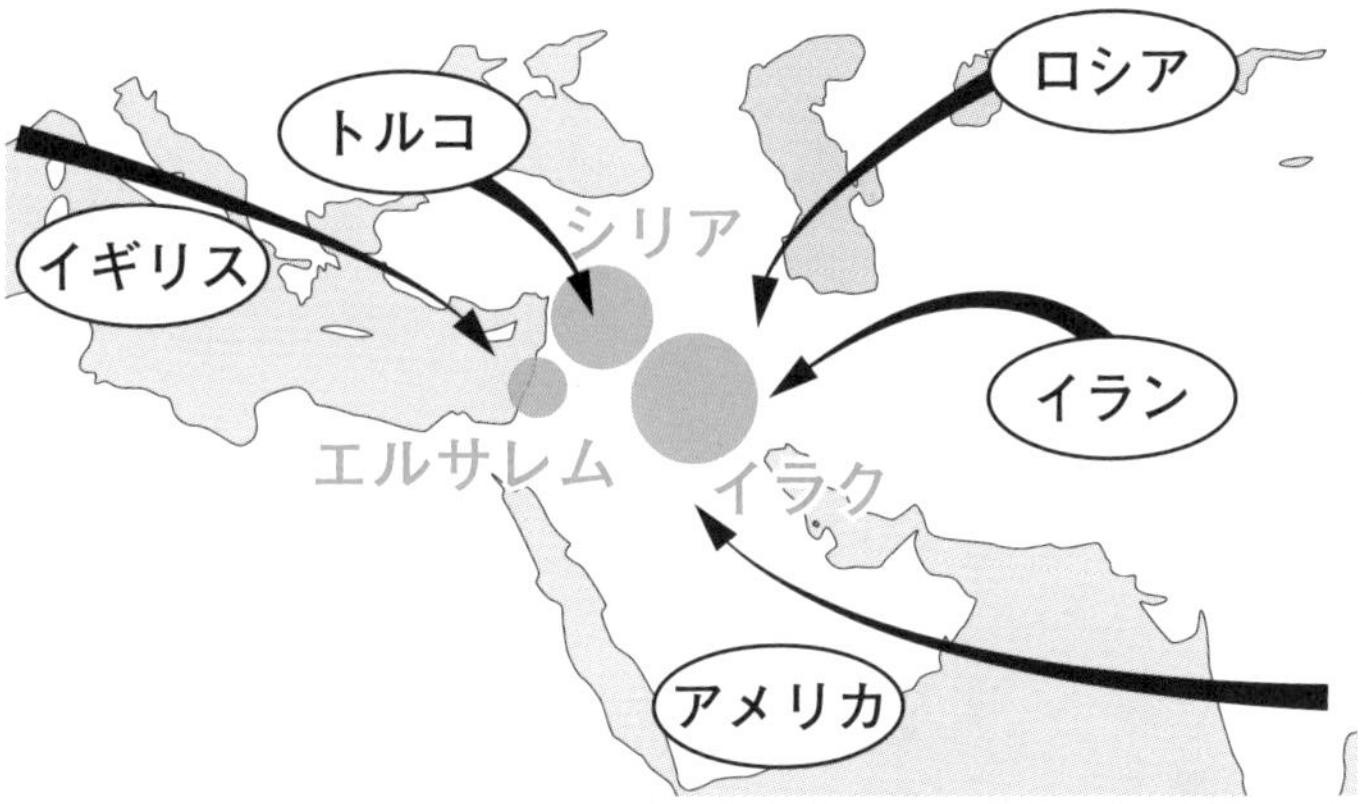

地政学的に魅力な土地はどの国も欲するため紛争を免れられない運命にある

マッキンダーは、ハート・ランドをもう1つあげています。それは資源豊かなアフリカ大陸で、サハラ砂漠より南方のアフリカです。ユーラシア大陸の中心部が「北のハート・ランド」だとすれば、アフリカ大陸の南部は「南のハート・ランド」といえます。

重要なのは、**北のハート・ランドと南のハート・ランドに挟まれた地域、アラビア半島**です。アラビア半島のアラビア砂漠は、昔から隊商《たいしょう》貿易《ぼうえき》などが行われていたことからわかるように、通行が比較的容易なので2つのハート・ランドを行き来するには都合がいいです。

また、アラビア半島は、南北のハート・ランドだけではなく、ヨーロッパとアジアをもつないでいます。なかでも、アラビア半島の付け根にある**エルサレム**は、世界の中心ともいえる位置にあります。**ここをおさえれば世界全体を制することができますが、逆にいえば、争いが起きやすくなる最悪の土地**ともいえます。

一方、アラビア半島の北方に位置する平野も重要な要衝です。肥沃《ひよく》な農耕地帯であり、周辺の高台の遊牧民族や騎馬民族などがたびたび侵入する土地でした。

地図で見ると、ここは**イラクやシリア**です。ロシア、トルコ、アメリカなど多くの勢力が介入し、**現代のグレート・ゲームが展開されている**のも、地政学的に魅力的な土地だからです。

column1

交通インフラと地政学

覇権国家の条件になる

交通インフラは、地政学の要となります。他国よりも多くの物資を安全に運んだり、スピーディーに移動したり、広範に移動したりすることができれば、戦略上有利になるからです。戦争においては、**兵器や兵員、食糧の補給を行う交通インフラである「兵站《へいたん》」（ロジスティクス）の確保が生命線となります**。

歴史を見ても、より優れた交通インフラを備えた国が、その時代の世界覇権を争いました。

13世紀、中央ユーラシアでは驚異的な速度で移動する騎馬軍団を擁《よう》するモンゴル人が巨大帝国をきずきました。大航海時代以降は、遠洋航海可能な船と技術を手にしたスペインやポルトガル、さらにはオランダ、イギリスといったシー・パワーが世界覇権を争いました。近代になると、鉄道網をきずいたロシアやドイツのランド・パワーが台頭しました。

エア・パワー単独で勝利

さらに20世紀になると、空軍のエア・パワーがあらわれました。エア・パワーの強みは、地形に影響される陸軍や海岸線の影響をうける海軍とは違って、**完全な移動の自由**をもっていることです。とはいえ、第2次世界大戦当時は、エア・パワー単独で戦争に勝てるほどの能力はありませんでした。それが、冷戦後の湾岸戦争やコソボ空爆では、ほぼエア・パワー単独で勝利しています。空爆の精度が上がったのです。

エア・パワーでは、ターゲットの近海から戦闘機を飛ばす空母の有無がカギをにぎります。そのため、近年の中国は空母建造に注力しています。

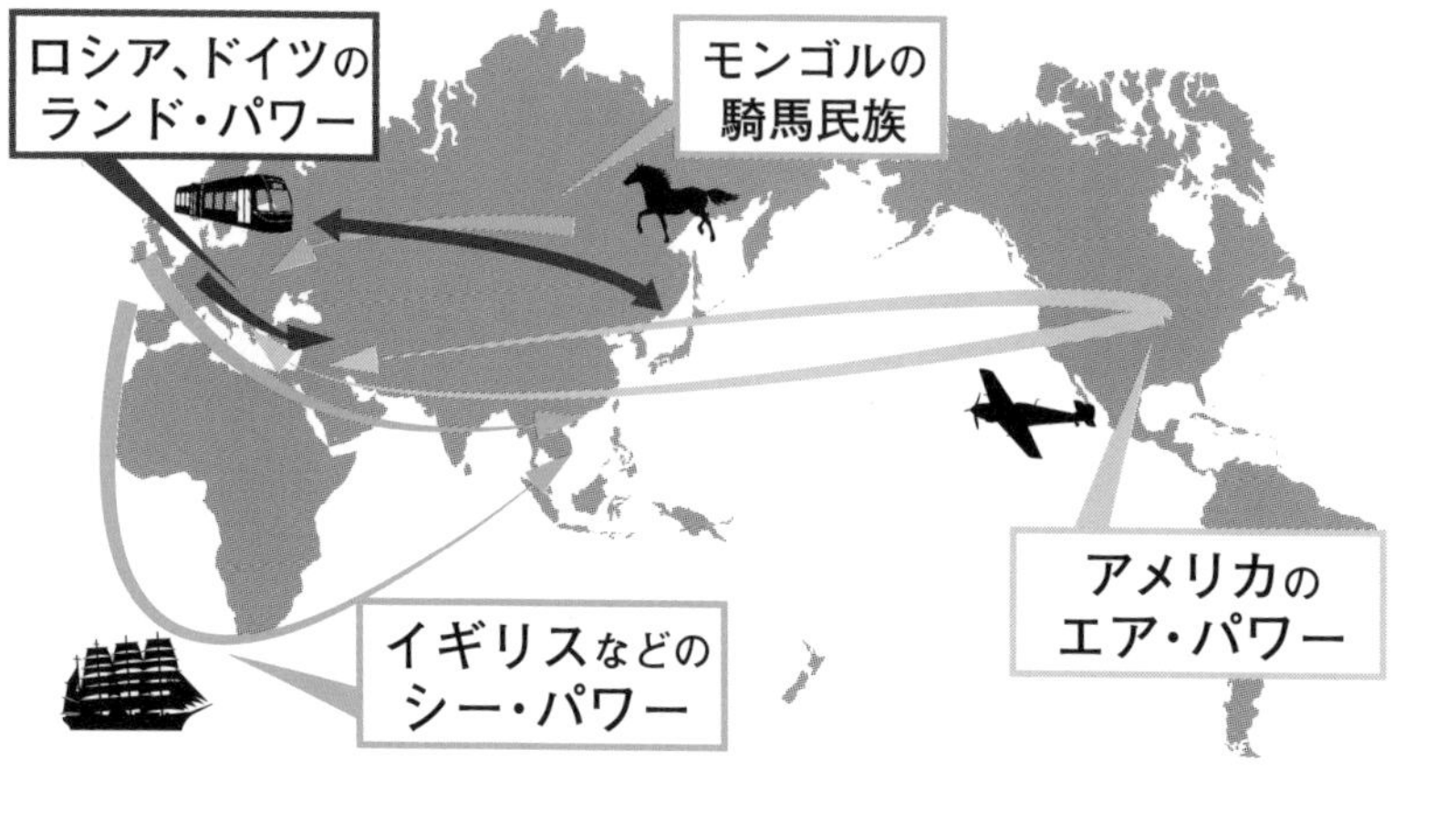

第2章

世界をかき回す覇権国家

アメリカの地政学

ランド・パワーで新世界を支配したアメリカ

第2章
アメリカの地政学

アメリカの誕生と西部開拓

イギリスからの移民で誕生した国　アメリカ

建国当時の領土は
東海岸の一部のみに
すぎなかった

「明白な天命《マニフェスト・デスティニー》」を掲げ、大陸西部を開拓する

「西部開拓は神に与えられた正しい行いである！」

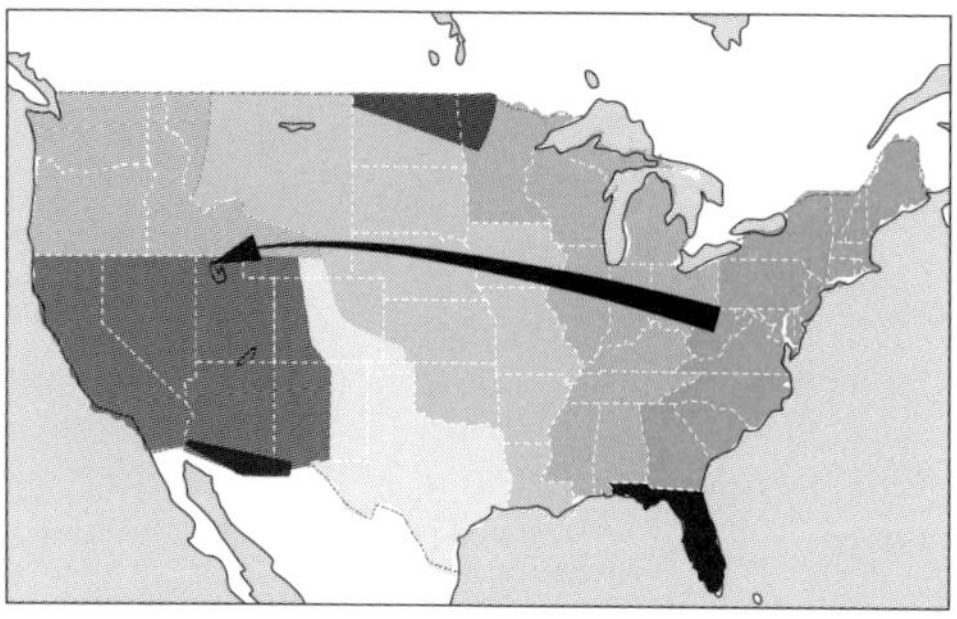

**西部へ領土を広げ
西海岸へ到達**

**ランド・パワーを拡大させ、
南北アメリカ大陸＝「新世界」の支配をめざす**

孤立主義の本質は囲い込み

第2次世界大戦以降の世界のメインプレーヤーは、アメリカです。

アメリカという国は、17世紀にイギリスからの「移民」が住み着いてできた人工国家です。建国当時のアメリカは、わずかに東海岸を治めるにすぎませんでしたが、ここから2段階に分けて、急激に膨張します。

まず第1段階は**ランド・パワーの膨張**です。ここでは、南北アメリカ大陸の支配をめざします。アメリカ人には、**ヨーロッパやアジアの「旧世界」から南北アメリカ大陸の「新世界」へ「理想国家」をつくるためにやってきた**という自負があって、南北アメリカ大陸は自分たちのもの、という考えがあります。

建国後のアメリカは、先住民を追い払いながら西部を開拓しました。この行為を正当化した考え方が、**「明白《めいはく》な天命《てんめい》（マニフェスト・デスティニー）」**です。「西部開拓は神によって割り当てられたものだから正しい」としました。

Point

南北アメリカ大陸からヨーロッパ勢力を排除し、まずランド・パワーを拡大した

アメリカのモンロー主義

モンローの「孤立主義」

モンロー大統領

アメリカはヨーロッパのことには
口を出さないから、
ヨーロッパはアメリカ大陸のことに
手を出さないでくれ
（1823年の「モンロー宣言」）

ヨーロッパ勢力をアメリカ大陸から排除することが本当のねらい

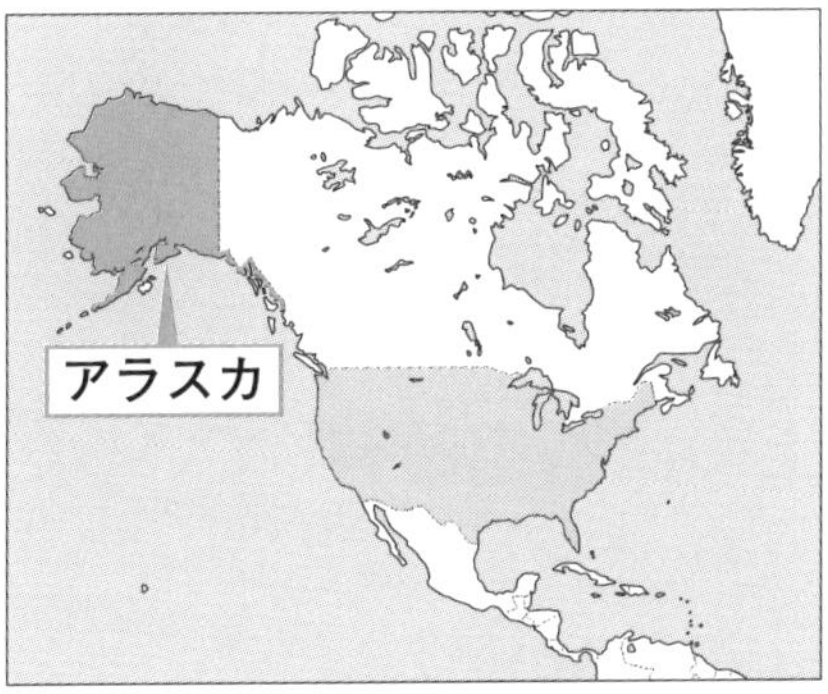

1867年

ロシアから
アラスカを購入

↓

ロシアをアメリカ大陸から排除した

北アメリカ大陸の支配を完了させ、ランド・パワーからシー・パワーへ転換をはかる

一方、対外的に示した考え方が**「モンロー主義」**です。「アメリカはヨーロッパのことには口を出さないから、ヨーロッパはアメリカ大陸のことに手を出さないでくれ」というものです。

モンロー主義は、一般に「孤立主義」といわれますが、**本質的な狙いは、ヨーロッパ勢力をアメリカ大陸から排除すること**です。「モンロー主義（孤立主義）＝アメリカ大陸の囲い込み戦略」といえます。

大西洋から太平洋に到達！

アメリカは、ヨーロッパ勢力を排除しながら支配領域を広げていきます。メキシコの領土だったアメリカの西海岸も、戦争をしかけて奪いました。これによってアメリカは、大西洋から太平洋にまたがる国家となりました。

もう１つ、１８６７年にロシアの領土だったアラスカを購入しました。アラスカそのものにはたいした価値はありませんでしたが、**アメリカ大陸からロシアを排除したことには大きな意味がありました**。もし冷戦時代にソ連がアラスカに居座ったままだったら、一帯は非常に緊迫した状況に陥っていたでしょう。

ここから第２段階に入ります。**ランド・パワーからシー・パワーに転換**し、「新世界」の外へ、世界覇権をめざして動き出すのです。

アメリカ型シー・パワー戦略とは

第2章
アメリカの地政学

マハンの海洋戦略

ランド・パワーを確かなものにしたアメリカ

⬇

世界へ進出し、シー・パワーの膨張へ

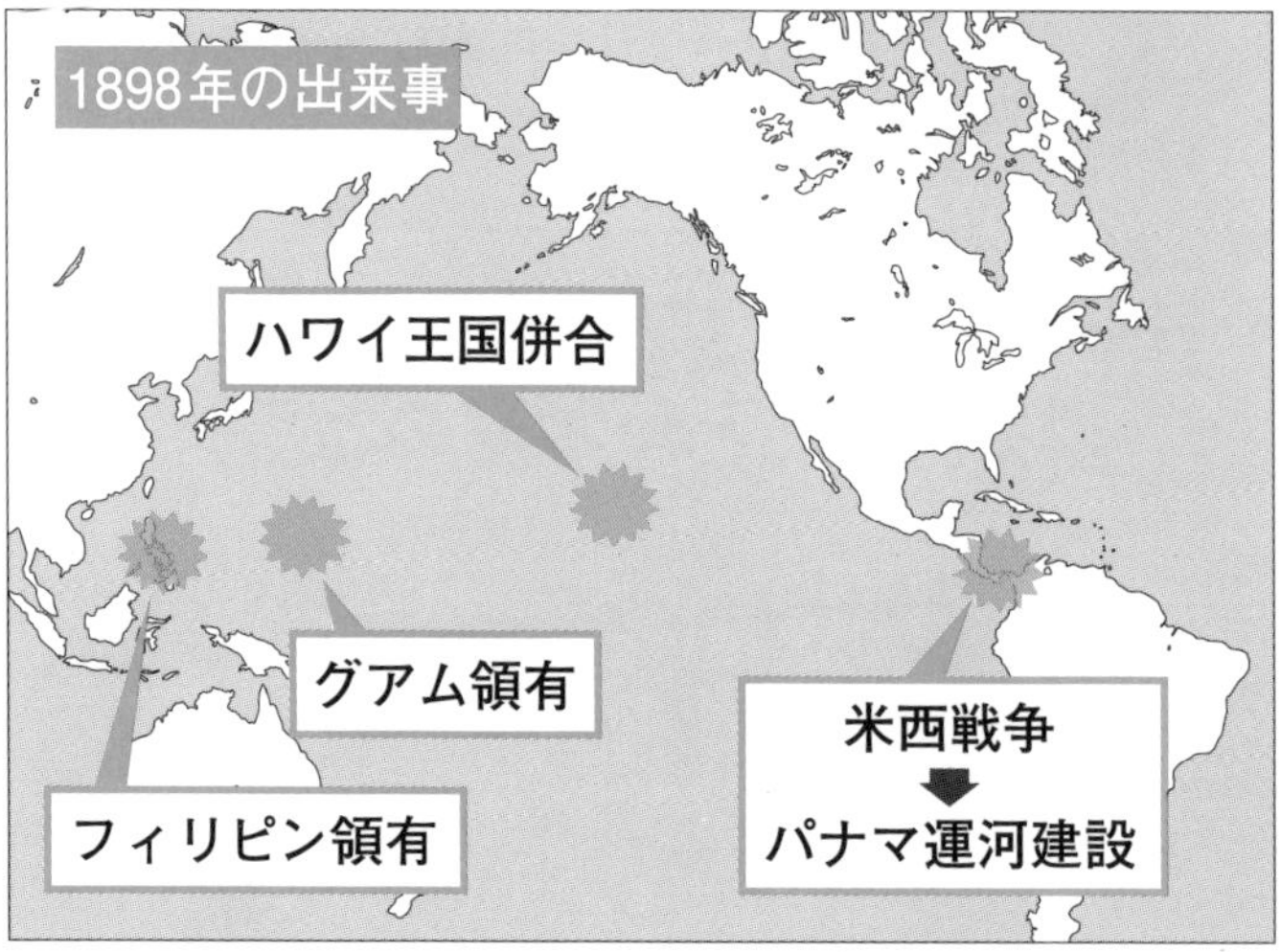

スペイン領だった太平洋上の諸国を領有していった

マハン
〈海軍少将、学者〉

アメリカは「巨大な島国」
⇒攻撃面での不利を補うため
各地に軍事拠点を作っていく戦略

孤立した「巨大な島国」

海の向こうに新たなフロンティアを見出したアメリカは、西部開拓時の「明白な天命（マニフェスト・デスティニー）」を拡大解釈し、「世界に自由・人権・民主主義を広める天命がある」といって世界進出を正当化しました。ここから第2段階の**シー・パワーの膨張**がはじまります。

学者のマハンは、シー・パワーの大国が世界の覇権をにぎってきた歴史を根拠に、太平洋や大西洋といった「世界の大きな海洋を支配するものが世界を制する」と訴えました（ワールド・シー理論）。アメリカは、この**マハンのプランにそって世界進出を進めていきます。**

19世紀末に、ハワイ、フィリピン、グアムを領有し、さらに中南米諸国を恫喝《どうかつ》してパナマ運河を建設し、カリブ海を支配します。

北アメリカ大陸をまるごと支配するアメリカは、見方によっては「巨大な島国」ということができます。世界覇権をめざすうえで、ヨーロッパやアジアから遠く、孤立した島国

Point

世界各地に軍事拠点をきずき、善悪二元論を用いて世界覇権をめざす

世界各地に軍事拠点をきずくアメリカ

「島国」としてのシー・パワー戦略

||

領土拡大ではなく、各地に拠点を展開

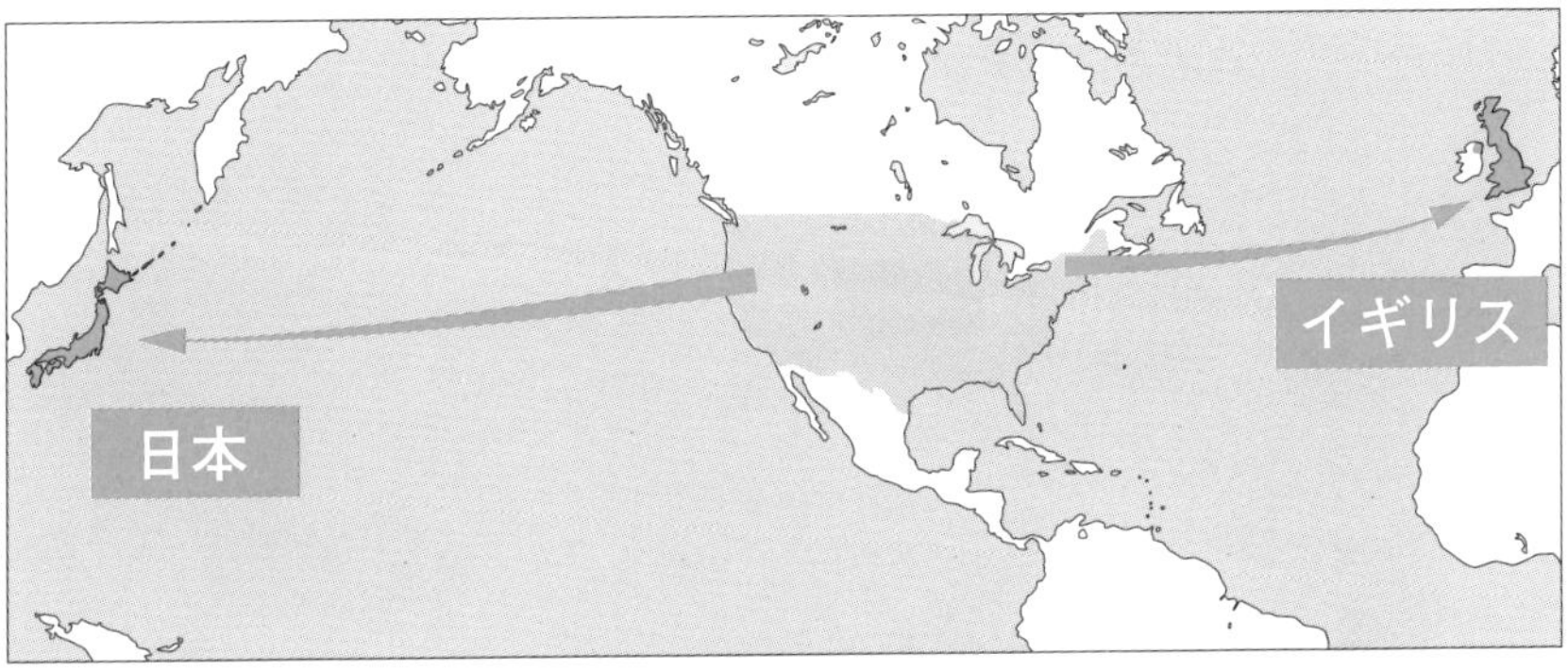

ユーラシア大陸の両端にある日本とイギリスは
シー・パワーの同盟国にもなり、「兵站」に適切

2つの大戦を経て、日本に軍事拠点をきずく

基本的には「孤立主義」を貫くが、
アメリカにとっての「悪」が現れると
「善悪二元論」に基づいて参戦する

は不利です。大洋に挟まれているので防衛上は非常に有利ですが、攻撃するときには戦力を運ぶだけでもたいへんで不利になります。

そこで**アメリカは、世界各地に軍事拠点（「兵站《へいたん》、ロジスティクス」）をきずくことにしました**。アメリカにとって最適な兵站は、ユーラシア大陸の両端にある日本とイギリスです。安全で技術力がある両国は、兵站の条件を満たしていて、シー・パワーの同盟国として信頼がおけるのです。

善悪二元論で「正義の戦い」とする

アメリカは、第1次世界大戦でも第2次世界大戦でも、当初は参戦していません。「孤立主義」をつらぬく姿勢を見せました。

ただ、参戦の口実を探しています。そのときのロジックが、**善悪二元論**です。**アメリカはいつも「善」であり、アメリカに歯向かう者を「悪」とします**。第2次世界大戦では真珠湾攻撃をきっかけに、日本やドイツのファシズムを「悪」として参戦しました。ただ、アメリカの参戦はあらかじめ決まっていたことでした。参戦口実だけを探していたのです。

善悪二元論というロジックは、そのあとも繰り返し活用されていきます。

「世界の警察官」をやめたアメリカのパワーバランス戦略

善悪二元論の陰にあったアメリカの戦略

戦後のアメリカ…「世界の警察官」となる

〝シー・パワー〟＋〝エア・パワー〟で世界の覇権を握る

↓

“ランド・パワー” ロシアとの対立

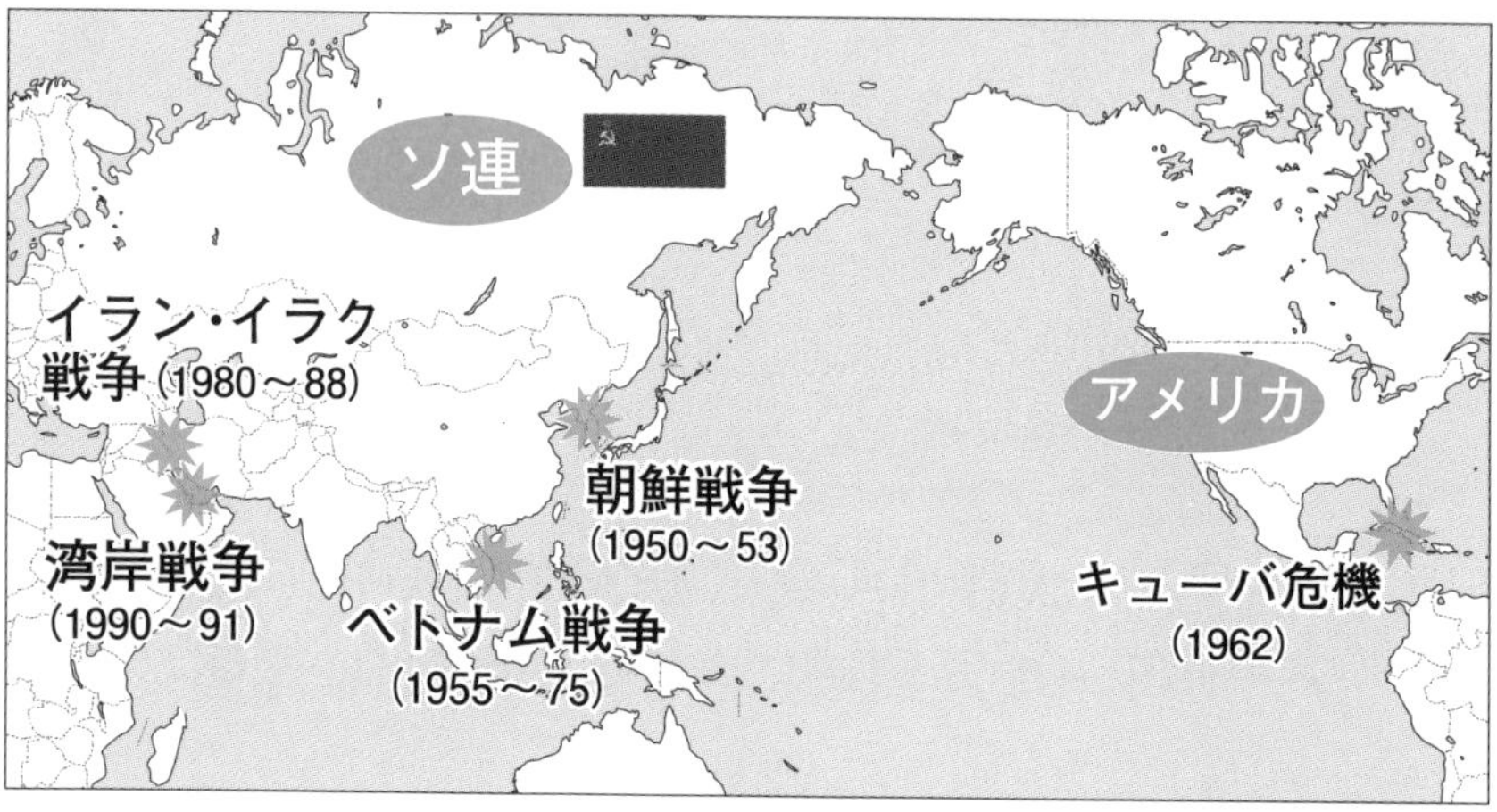

マージナル・シーやリム・ランドを求めて各地で紛争

世界中にテロが増幅し、
中東などで混乱を招く結果となった

中東の混乱を誘発した？

戦後の冷戦構造の本質は、「シー・パワーのアメリカとランド・パワーのソ連の対立」です。

戦後のアメリカは、世界各地に軍事拠点を置き、**シー・パワーとともに空軍のエア・パワーを展開**しました。「世界の警察官」を自任し、あちこちに目を光らせました。

ソ連は、ユーラシア大陸周辺のリム・ランドに進出し、マージナル・シーをおさえようとします。アメリカはこれを迎え撃つわけですが、それが朝鮮半島では朝鮮戦争となり、インドシナ半島ではベトナム戦争となりました。

アメリカとソ連のせめぎ合いは中東でも起き、それが引き金となってイラン・イラク戦争や湾岸戦争といった紛争を生みました。

冷戦が終わって、9・11米同時多発テロ以降は「イスラム過激派」という新たな「悪」があらわれ、「対テロ戦争」がはじまります。反米感情の強まりがテロを誘発しました。アメリカが自らイスラム過激派を勢いづかせたのです。

Point

戦後のアメリカはソ連と対立しながら世界各地で紛争を引き起こした

トランプのオフショア・バランシング

オフショア・バランシング

沖合（オフショア）からコントロールしつつ
各地域の問題を各々に任せる方針

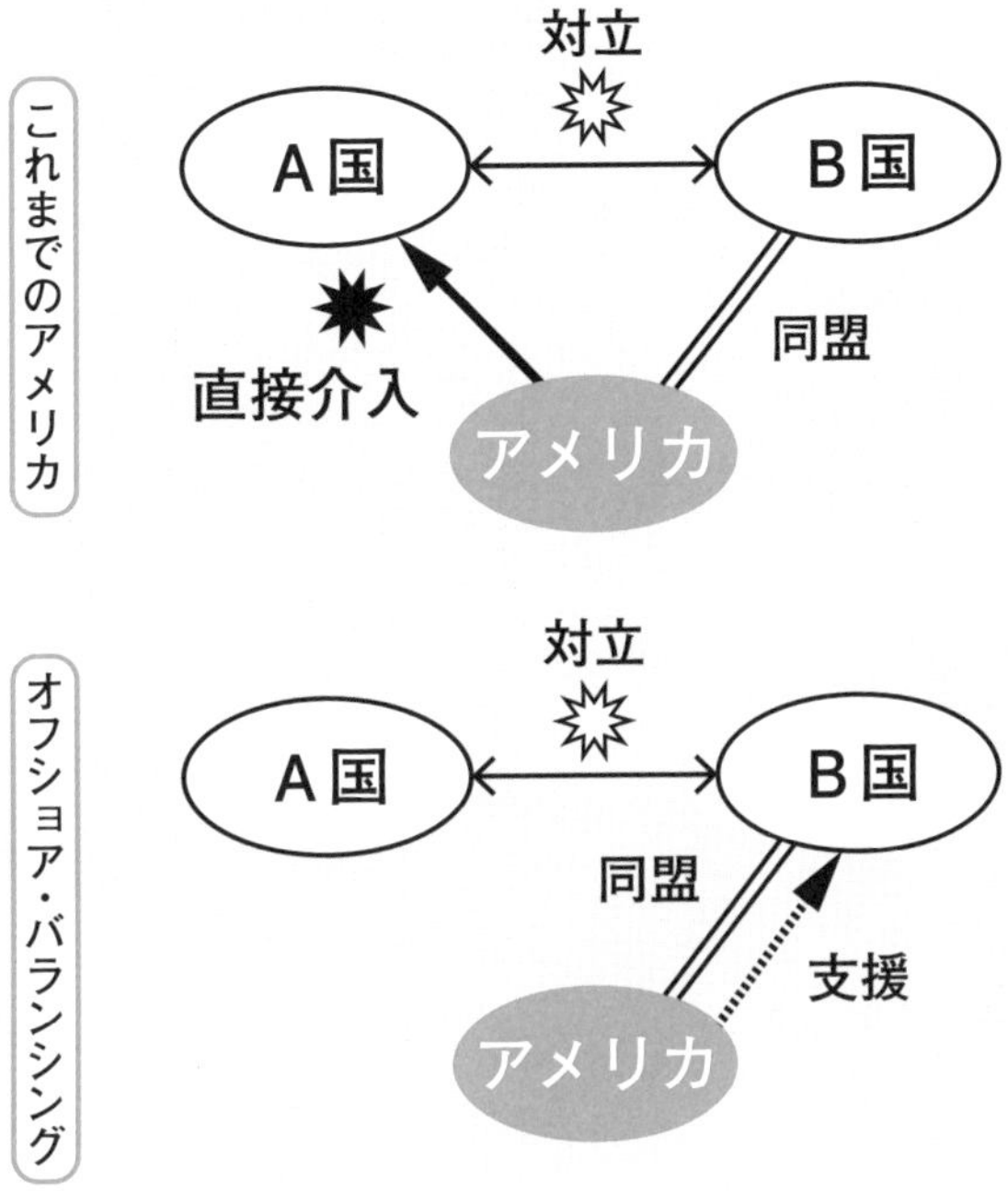

パワーバランス戦略の転換

オバマ政権は「世界の警察官」の看板をおろし、戦前のモンロー主義（孤立主義）に回帰しました。しかし、これによって中国やロシアなど世界各地で反米勢力が勢いづきました。

トランプ政権も「世界の警察官」としての役割を負いません。ただし、オバマ政権とは違って、「オフショア・バランシング」の戦略をとりながら、アメリカの覇権を脅《おびや》かすターゲットには積極的に圧力をかけました。

そのとき、アメリカが全面的に介入しなくても、沖合（オフショア）からコントロールしながら、**地域のことは地域のパートナーにまかせ、相対的にアメリカに有利な勢力均衡が成立すれば、それでよし**とします。

トランプが最初のターゲットとしたのは、IS（イスラム国）でした。シリアのアサド政権やロシアと手を組んで徹底的にISを叩く一方で、オフショア・バランシングの戦略からシリア内戦には干渉しないとしました。

イランに対しては、2015年7月に結ばれた「欠点だらけ」の核合意からの離脱を決め、経済制裁を段階的に強めました。ミサイルと核開発を加速させる北朝鮮とは、2018年に**初の米朝首脳会談が実現**しましたが、トランプ政権崩壊後、北朝鮮は再びミサイル開発を加速させています。

米中貿易戦争はどこへ向かうのか

第2章
アメリカの地政学

台頭する中国　米中貿易戦争の実情

関税制裁

輸入品818品目、
340億ドル相当に対して25%の関税

アメリカ

中国

アメリカに対し、同規模の報復関税

通信への制裁

・アメリカ政府関係者は
ファーウェイと
ZTEの使用禁止
・両社を「5G市場」から排除

貿易・金融経済も“戦争”の道具のひとつ

**中国の経済を封じ込め、
軍事的膨張を阻止する**

経済制裁で軍事力を封じ込める

アメリカの覇権に堂々と挑んでいる国が中国です。中国は巨大な経済活動で豊富な資金をつくり、それを原資に軍事的膨張を進めようとしています。東シナ海や南シナ海では、「力による支配」で現状変更を目論んでいます。

これに対しトランプは、中国の経済活動に制裁を加えはじめました。貿易や金融経済も戦争の道具の1つですから、**「米中貿易戦争」がはじまった**わけです。トランプは、中国の経済を封じ込め、軍事的膨張を阻止しようと考えました。

中国通信企業もターゲット

トランプ政権は、2018年7月から中国に対する貿易戦争を本格化させました。毎月のように、**アメリカの関税制裁に対して中国が報復する**ということが繰り返されました。

Point

中国に国際ルールに基づいた貿易を促すため貿易・軍事の両面から圧力をかける

「航行の自由作戦」で圧をかける

中国への制裁の目的

中国の自国産業保護のみを考えた
国際貿易をやめさせるため

軍事面の制裁

「航行の自由作戦」
中国が軍事要塞化する南シナ海に
ミサイル巡洋艦を派遣

シー・パワーのイギリス 
太平洋に領土をもつフランス 
⇒協力へ

中国に対して、国際ルールに基づく
自由貿易を促す

⬇

最終的な目標はアメリカ経済の再建

もう1つ、トランプ政権の対中戦略のなかには、通信分野の**第5世代移動通信システム（5G）の実用化**をめぐる争いで、ライバルとなる中国のファーウェイとZTEの封じ込めを図りました。5Gは戦闘機の遠隔操作など軍事技術に直結するシステムで、安全保障に関わる非常に重要な問題です。

オーストラリアやインド、イギリス、日本なども巻き込み、「米中5G戦争」が勃発したのです。

航行の自由作戦

軍事面でも米中は緊張度を増しています。北朝鮮問題に注目が集まるなか、**中国は南シナ海の軍事要塞化を着々と進めています。**スプラトリー諸島の人工島に対艦巡行ミサイルと地対空ミサイルを配備しました。これに対し**アメリカ海軍は「航行の自由作戦」を実施。ミサイル巡洋艦を派遣し、南シナ海において軍事的優勢を取り戻そうとしています。**

この「航行の自由作戦」は、イギリスやフランスも支持しており、各国によびかけて中国包囲網を形成しています。ただ、トランプの目的は米中戦争ではなく、中国に国際ルールを守らせ、最終的には、アメリカ経済を再建することをめざしました。

バイデン政権の対中政策

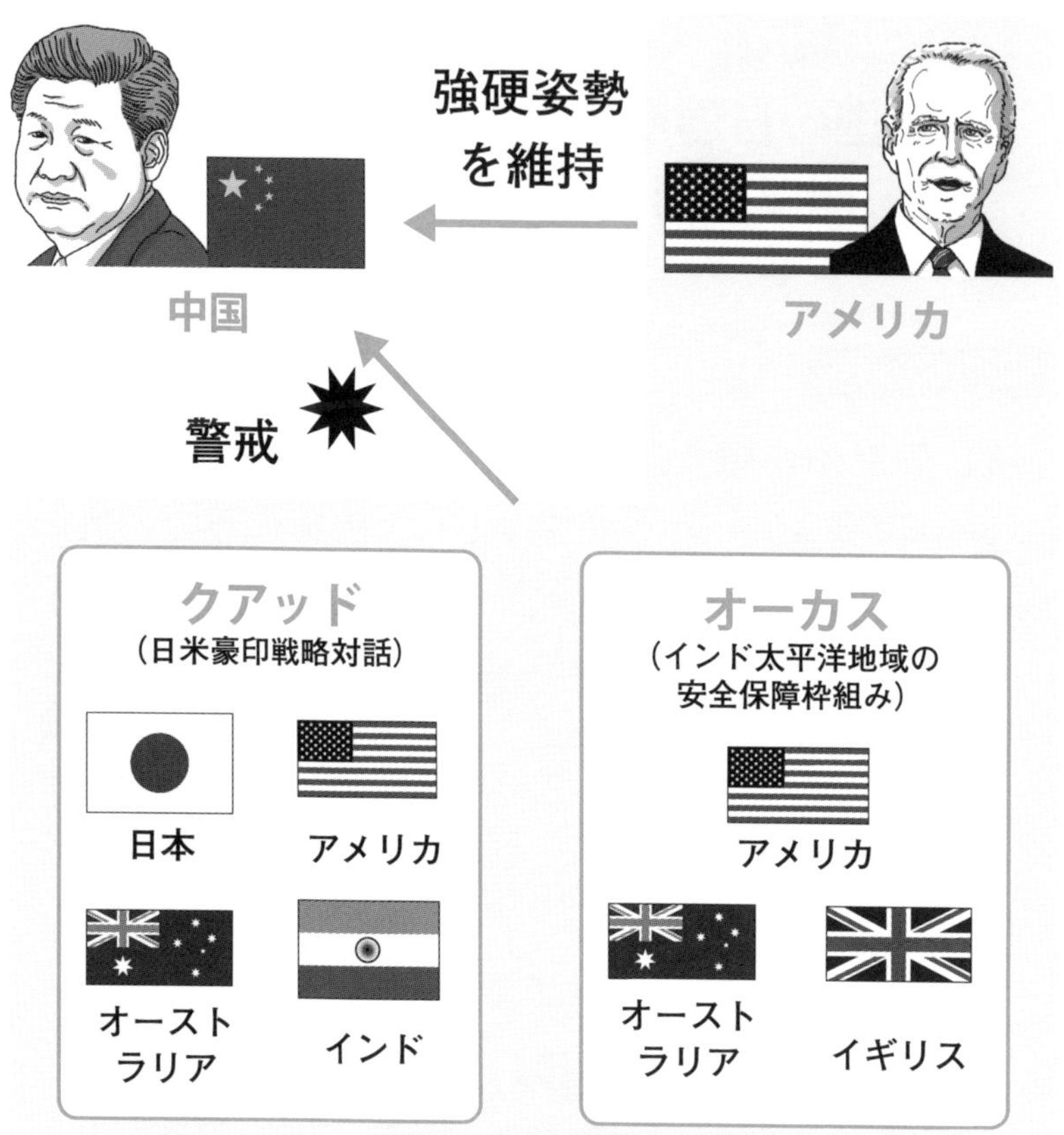

周辺の国と共に中国包囲網を形成
中国の海洋進出を警戒する

トランプ流の対中強硬を継承

トランプ政権はアメリカ第一主義でしたが、2021年に発足したバイデン政権は**国際協調路線**へと転じます。しかし、バイデンにはトランプのような地政学的視点で反米勢力を抑え込む戦略はなく、世界各地で不穏な動きがあらわれてきています。

まず、対中関係です。

バイデンは、「戦略的忍耐」政策で中国の膨張をゆるしたオバマ政権時の副大統領ですが、現在までのところ、トランプ政権の戦略を引き継いで中国を牽制する態度をとっています。

南シナ海やインド洋の安全保障の強化を図る**日本主導の「クアッド」（日米豪印戦略対話）**や、米英豪3か国による新たな安全保障の枠組み「**オーカス**」も形成しています。

一方で、2021年8月、バイデン政権はアフガニスタンから米軍を撤退させました。ところがこのとき、アメリカをはじめ国際社会が支援してきたガニ政権が崩壊し、**武装勢力タリバ**

Point

バイデンは中国へ強硬姿勢を維持するも
反米勢力の抑え込みは上手くいかず

反米勢力の動向

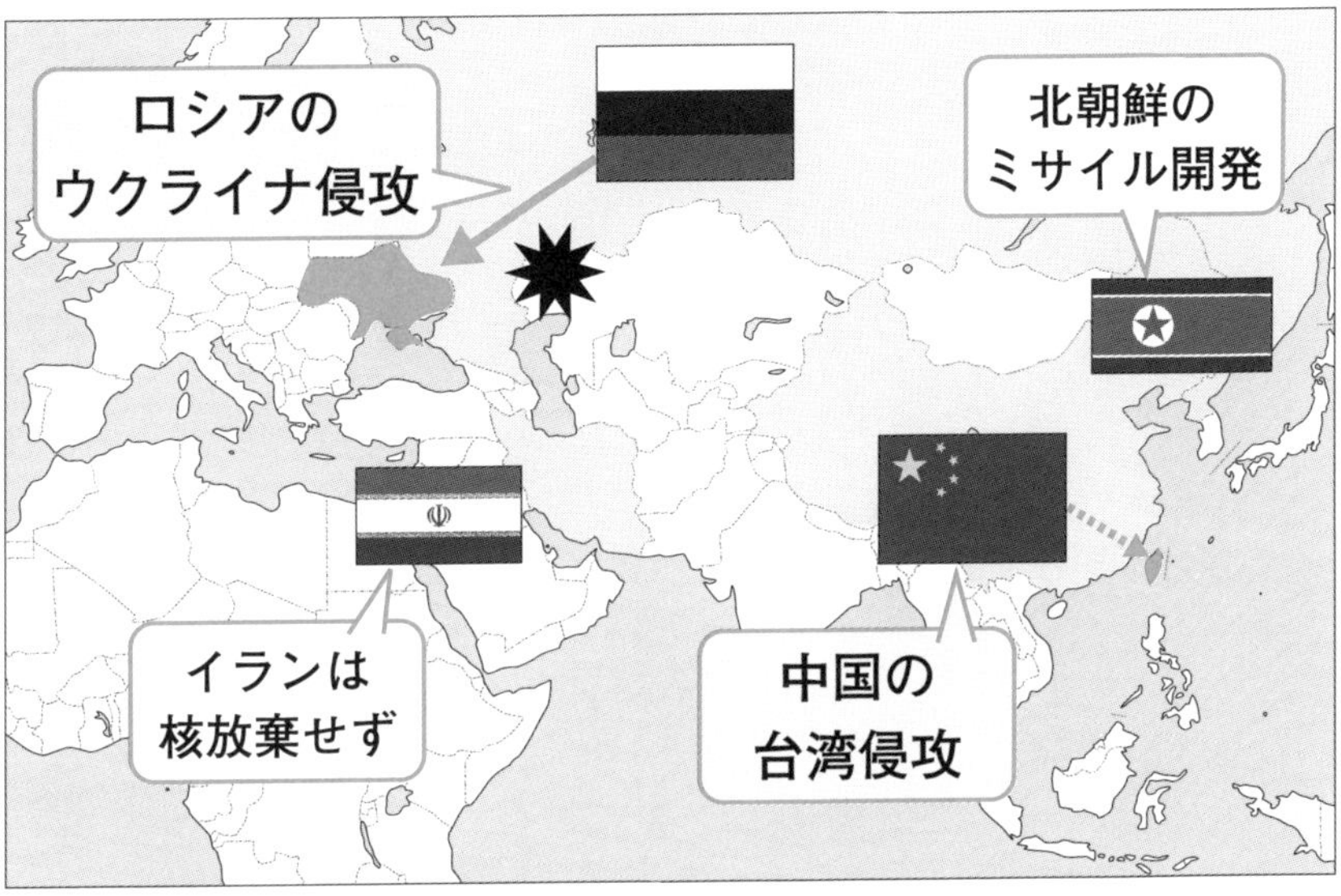

アメリカ国内でも問題が山積み…

物価上昇　財政不安　エネルギー高騰　感染症対策

↓

2022年秋
中間選挙

上院では民主党、下院では共和党が勝利

政権と下院多数派が異なる「ねじれ」が発生

ンに権力を明け渡す事態となりました。

次にこのアフガニスタンを狙っているのは、中国です。中国にとっては「一帯一路」を拡大するチャンスです。

反米勢力が伸張

トランプが、核拡散防止のためにターゲットとしたイランと北朝鮮は、いずれも核を手放す気配はありません。

一方、２０２２年２月に**ロシアはウクライナ侵攻を開始**しました。アメリカはＮＡＴＯ加盟国ではないウクライナに軍事介入はしませんが、巨額の軍事支援をつづけています。

中国も**台湾侵攻**をうかがう姿勢を強めています。アメリカとしては、中露の「二正面」と対峙する局面だけは避けたいところです。

国内では、約40年ぶりの高水準の物価上昇（バイデンフレーション）が起きています。エネルギー価格の上昇は、環境重視でシェール増産に踏み切らないことが一因になっています。

２０２０年秋の中間選挙では共和党が下院で勝ったことで、バイデンの政策にブレーキがかかります。ウクライナ支援は縮小する可能性があります。一方、トランプは次期大統領選への立候補を表明しました。

column2

宇宙と地政学

スペース・パワーの時代

1957年にソ連がスプートニク1号を打ち上げてから、宇宙空間はスペース・パワーとして地政学的な意味をもつようになりました。

スペース・パワーはエア・パワーの延長ではなく、**独自の戦略思想が研究されています**。たとえば、スペース・パワーのチョーク・ポイントは、ロケット打ち上げ施設になります。人工衛星を静止軌道に送り込むには赤道に近いほうが燃料の効率がいいので、赤道付近の領土をもつ国が有利になります。また、人工衛星からの情報をキャッチする地上基地はスペース・パワーの重要な戦略拠点になります。

宇宙から地上を攻撃⁉

スペース・パワーの最大の強みは**「高さ」**です。どんな戦いでも、敵よりも高い位置をとることで優位に立つことができますが、スペース・パワーは究極の「高さ」を手にします。人工衛星などの宇宙飛翔体は、主権国家の許可なく領土の上空を飛ぶことができ、地球上の大部分を監視することができます。収集したデータは瞬時に地上の軍に送ります。

いまのところスペース・パワーの任務は、情報収集・伝達による陸海空軍の戦力の強化がメインですが、宇宙空間から地上のターゲットを攻撃するという本格的なスペース・パワーの研究も進んでいます。

2019年、アメリカは宇宙軍を正式に発足させました。これは宇宙の軍事利用を活発化させる中ロに対抗したものです。フランスも宇宙司令部を創設しました。大国間の宇宙の覇権争いが激しくなっています。

第3章

帝国主義へ回帰する北の大国

ロシアの地政学

四方に顔がきくロシアの成り立ち

9世紀　北欧のノルマン人がスラヴ人を征服

↓

「キエフ公国」誕生
⇒ギリシャ正教会に改宗

15世紀　モンゴルの支配から「モスクワ大公国」として独立

↓

モンゴルの「王《ハン》」の後継を称する

西欧（ノルマン人）　**スラヴ**（スラヴ先住民）　**ギリシャ**（正教会）　**アジア**（モンゴルのハン）

4つの方面に顔がきく

四方に顔がきく

ロシアの地政学を考えるとき、その歴史的な成り立ちを知っておくことが重要です。

ロシアには、4つの面があります。まず、「ノルマン人がつくった国」であること。同時に、先住民はスラヴ人なので、「スラヴ系の国」でもあること。また、「正教会の国」であること。

さらに、モンゴルに支配された経緯から「モンゴルのハンの後継者」ともいえます。

よって、**西欧、スラヴ系、ギリシャ方面、アジアという四方に顔がききます**。これが、ロシアが世界最大のランド・パワーに成長した1つの要因となりました。

4大艦隊で海上覇権を狙う

ロシアには難攻不落のハート・ランドがあります。守りがとても堅い一方で、**いつでも軍艦を出動できる不凍港《ふとうこう》がない**という弱点があります。ですから、「**南下政策**」**がロシアの**

Point

不凍港を求めて南下政策をとり、強いロシアを復活させる目論み

不凍港を求めるロシアの南下政策

氷で閉ざされた北極海
「不凍港」を求めて南へ向かう

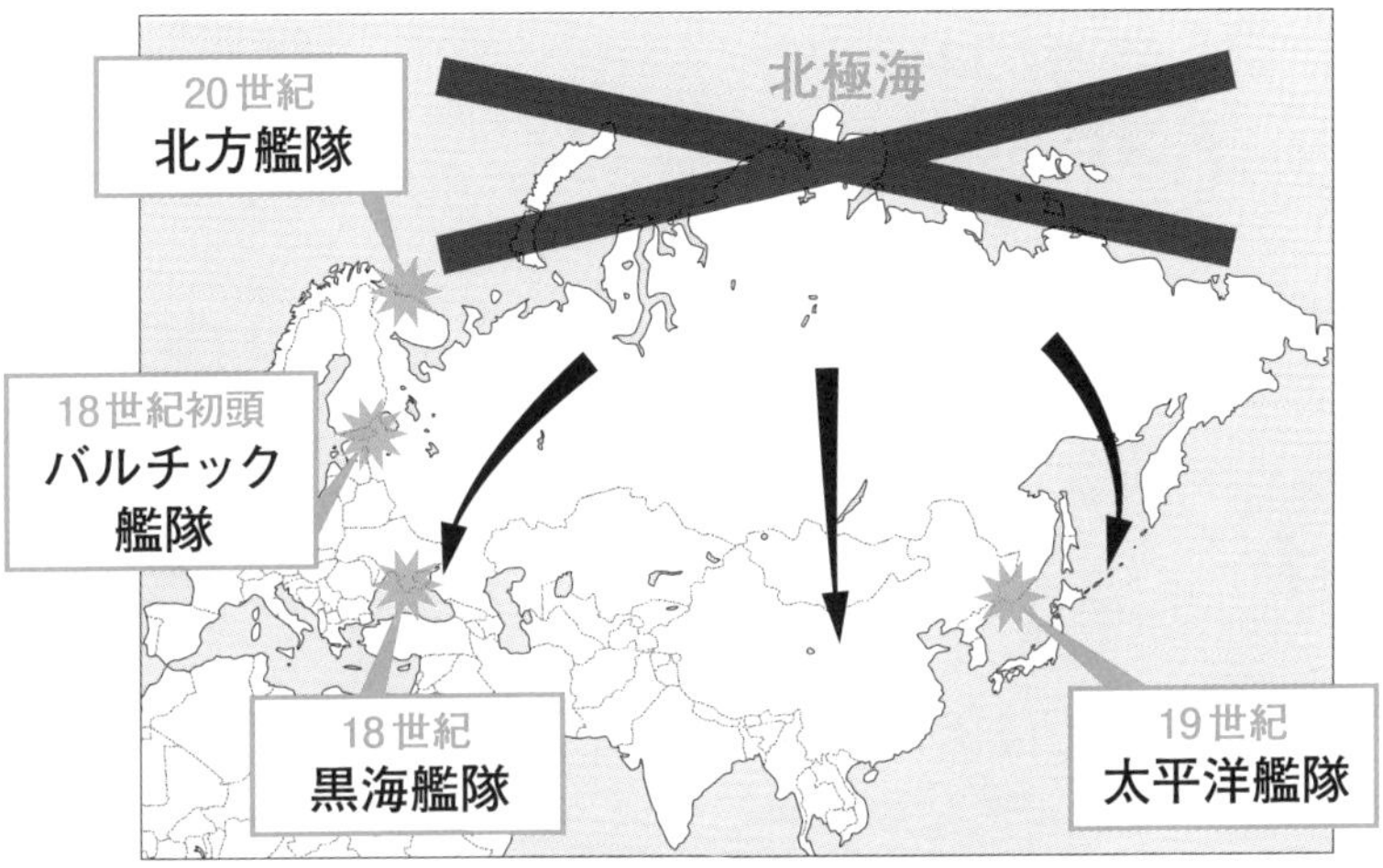

4大艦隊を各地に建設

ランド・パワーの国だが、海上覇権もうかがう

スラヴ派のプーチンは
欧米との対決姿勢を見せている

地政学的戦略の軸になりました。

はじめは南下ではないですが、バルト海に港をつくり、バルチック艦隊を建設しました。つづいて黒海です。18世紀、黒海につきでたクリミア半島のセヴァストーポリに軍港を開き、黒海《こっかい》艦隊を建設しました。太平洋にも目を向け、19世紀にはウラジオストックに軍港を開き、太平洋艦隊を建設しました。さらに、20世紀になると北方艦隊も建設されました。

ロシアはランド・パワーの国ですが、**軍港と艦隊を持つことで海上覇権もうかがってい**るわけです。

親欧米派からスラヴ派のプーチンへ

ゴルバチョフの時代に冷戦が終わると、アメリカ流の市場経済が導入されます。ユダヤ系の新興財閥が莫大な富を独占し、政治にも強い影響を及ぼすようになりました。またチェチェンなどの独立運動が激化していました。

この混乱を鎮めたのがプーチンでした。プーチンは、ユダヤ系の新興財閥の資産を国有化して国民の不満を解消し、独立運動を力によってねじふせました。プーチンは、スラヴ派です。**欧米との対決姿勢を打ち出し、強いロシアの復活**をめざしました。

クリミア併合はなぜ起きたのか？

第3章
ロシアの地政学

東西に分断されるウクライナ

17世紀
ロシア（モスクワ大公国）と
ポーランドが進出
⇓
東側がロシア領、
西側がポーランド領に

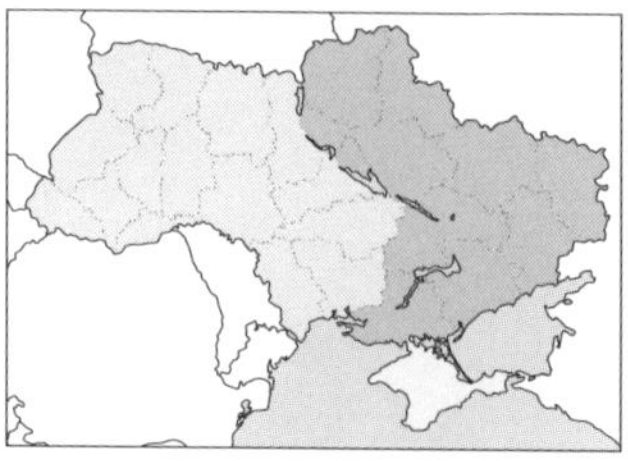

東部はロシア人、西部はウクライナ人が多くなる

18世紀
クリミア半島を奪い
艦隊建設
⇓
クリミア半島に
ロシア人が移住

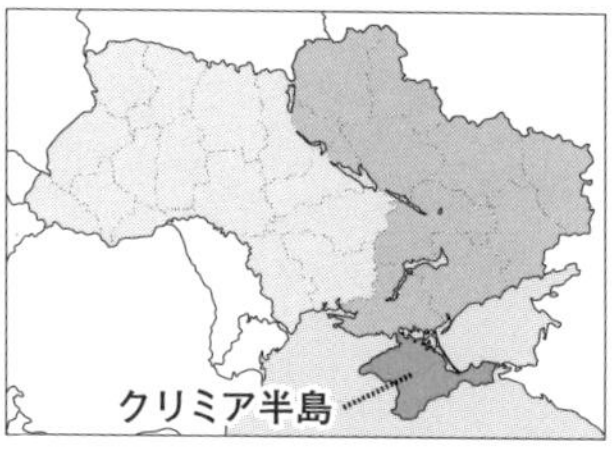

クリミア半島の人口の６割がロシア人に

ソ連
崩壊後
ウクライナ国内勢力は
親ロシア派と
親欧米派に分断

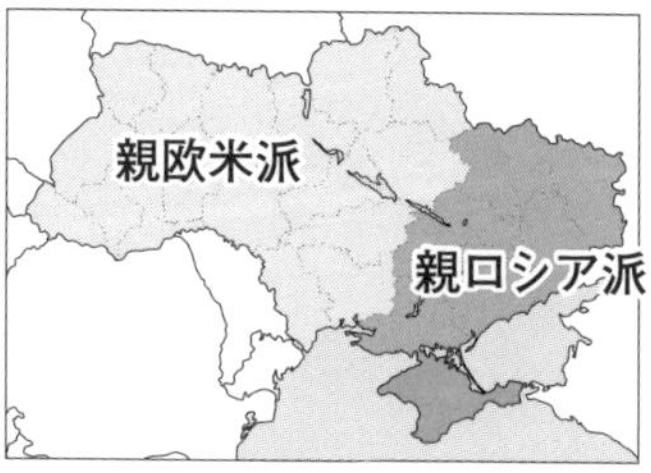

ウクライナ危機へ

ウクライナは東西に分断されている

２０１４年３月、ロシアはウクライナのクリミア自治共和国を併合しました。

ウクライナとクリミア半島は、18世紀にロシアが一度支配しています。そのときにロシア人の移住が進んだので、**現在でもクリミアの人口の6割はロシア人**です。

１９９１年のソ連崩壊でウクライナが独立すると、クリミア半島はロシアから切り離され、ウクライナのものとなりました。しかし、ロシアはセヴァストーポリの軍港を手放したくないので、レンタルしました。期限は一度延長され、２０４２年までとなりました。

ウクライナでは、独立後も東部のロシア系住民（親ロシア派）と西部のウクライナ人（親欧米派）のあいだで対立がつづきました。

２０１０年にプーチンがヤヌコーヴィチを大統領に立てて親ロシア派政権をきずきますが、これに西部のウクライナ人が激怒し、反政府

Point

クリミアはロシアの南下政策の要衝かつ西側の進出を食い止める防波堤の役割

なぜウクライナ危機は終わらないのか？

ソ連崩壊後、対立を続ける国内勢力

親ロシア派
ヤヌコーヴィチ

親欧米派
ユシチェンコ

混乱の末、ウクライナに親 EU 政府樹立

親ロシア派住民が反発し、
ロシアの支援を受けながら分離独立運動を展開

混乱の中、クリミア併合へ

ロシアと欧米の
バッファゾーンに
あるため、
紛争は避けられない

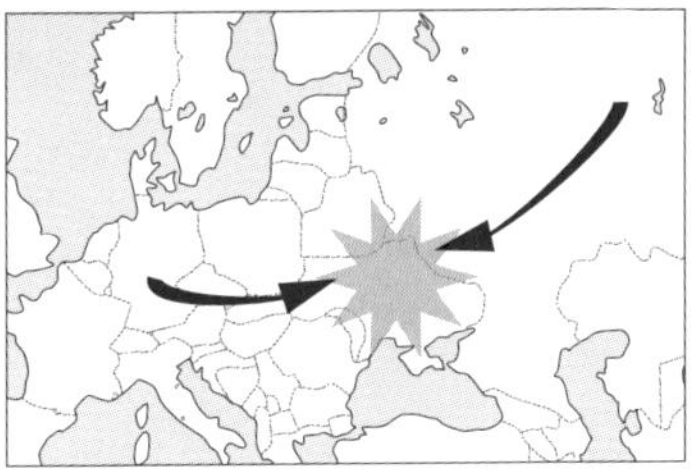

運動が勃発。かわって親ＥＵ派のウクライナ暫定政府が成立しました。**２０１４年、ＥＵ加盟をめぐって親欧米派と親ロシア派との衝突が起き、ウクライナ危機が勃発。**そんななかで、クリミアの独立を問う住民投票が行われたのです。

戦後初の力による領土変更

クリミアの住民投票は民主主義の手続きをふんで行われました。結果は、ロシア編入に賛成する人が97％で圧倒。投票率も82％です。

しかし、じつはこの住民投票は「自警団」を名乗るロシア軍の圧力のもとで行われていました。**ロシアのクリミア併合は、「力による領土変更」といってしまってもいいもの**です。

ロシアにとってクリミアは、南下政策をとりながら西側の進出をくいとめる地政学的な要衝。強引に奪いにいったのです。

ロシアと欧米のバッファゾーンにあるウクライナは、地政学的にどうしても紛争が避けられない運命にあります。ソ連崩壊以降、東欧の国々はアメリカを中心とした軍事同盟・ＮＡＴＯ（北大西洋条約機構）に加盟しました。その結果、**ＮＡＴＯ勢力はロシアの目の前まで迫ってきました。**東西の境界線がウクライナにまで移動してきた、ということです。

ウクライナ問題は今後どうなる？

NATOとロシアの対立

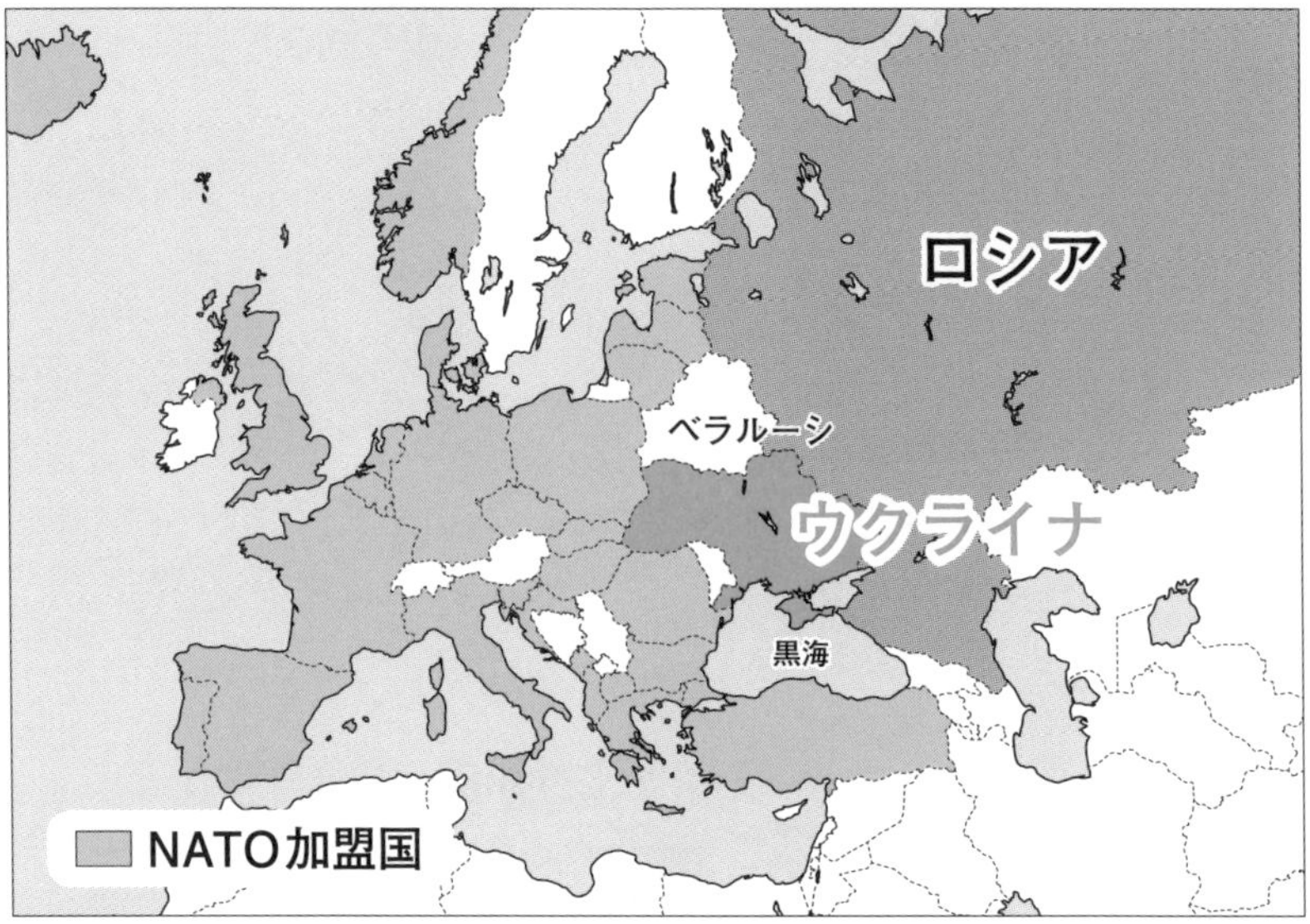

2022年2月

ロシアがウクライナ東部へ侵攻を開始する

ウクライナへの侵攻が始まる

２０１９年、ウクライナは憲法を改正し、**将来的なＮＡＴＯ加盟の方針を決めました。**ＮＡＴＯの東方拡大の脅威があるかぎり、プーチンはウクライナから退くことはできません。

アメリカは「ロシアのウクライナ侵攻が始まる」とウクライナ危機を盛んにあおりましたが、深刻なエネルギー不足を抱えるドイツをはじめとするＥＵ諸国はロシアとの関係悪化を望んでおらず、足並みはみだれました。

そんななかプーチンは、ＮＡＴＯ不拡大の確約がえられないため、行動に出ました。北京冬季五輪直後、**ウクライナ東部の親ロシア派武装勢力が支配する２地域（ドネツク人民共和国・ルガンスク人民共和国）の独立を承認したうえで、軍事侵攻を開始しました。**

ちなみに、プーチンと習近平は北京冬季五輪中の共同声明で「ＮＡＴＯ拡大反対」を確認していて、連携を深める方向に動いています。

そもそも冷戦終結後、東西陣営間で「ＮＡ

Point

ウクライナ東・南部の併合を狙うロシアに対し、欧米の支援がどこまで続くか

ウクライナ侵攻の行方

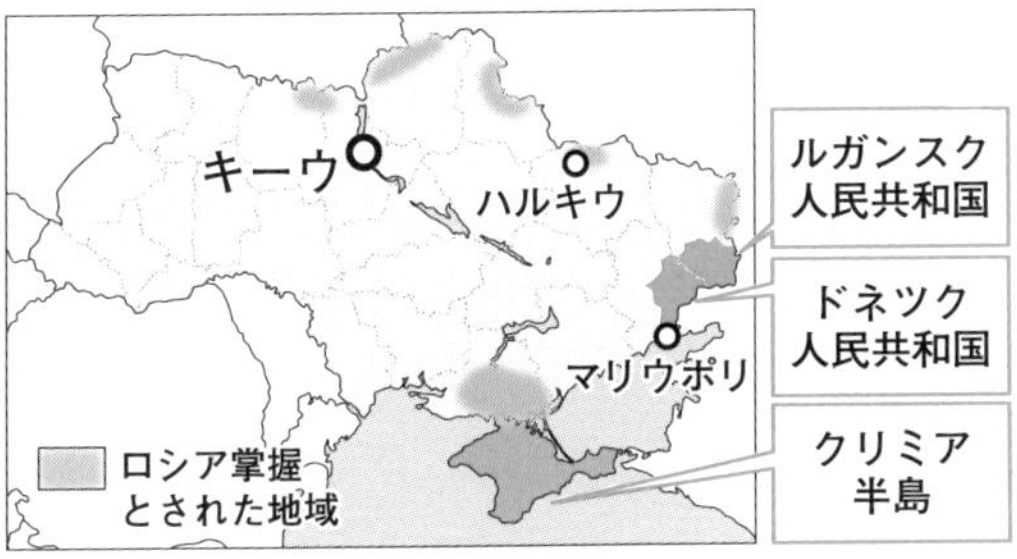

2022年2月21日

ロシアがウクライナ東部の2地域の独立承認

軍事侵攻を開始

2022年3月30日　首都へ侵攻

ロシア軍はキーウ占拠を試みるも
ウクライナ軍が反撃
これ以降、主戦場は東部へ

2022年11月20日　膠着状態へ

西側からの武器供与などの理由で
ウクライナ軍が反撃しているが
東部は膠着状態が半年以上続く

今後の懸念点

ロシアへの経済制裁が長引けば
かえって包囲する側を苦しめる

ロシアはエネルギーと食料を自給・輸出できる国

TOは東方に拡大しない」という約束があったとされ、これを反故にされているというのがプーチンの主張です。

プーチンは一歩も引かず

プーチンは当初、停戦条件としてウクライナの「NATO加盟断念」「中立化」「武装解除」「ロシアのクリミア併合の承認」を求めていました。プーチンのめざすところは、**ウクライナをバッファゾーンとして維持すること**です。

ウクライナが停戦条件をのめば、戦争は終わりますが、停戦交渉は決裂しました。

ウクライナ政権を支援しているのは欧米で、その中心は米英を中心としたシー・パワーです。**ウクライナ戦争の実態は、米英とロシアの代理戦争といえます**。米英はロシアの弱体化、もっといえばプーチン政権の転覆を狙っていて、そこにいたるまで停戦はさせません。

プーチンはウクライナの中立化をあきらめ、東部2州と南部2州の併合宣言に踏み切り、戦力の増強も図っています。

ロシアは食料とエネルギーを自給して、世界中に輸出している国です。そのような国を経済制裁で包囲すると、包囲する側が苦しくなります。欧米のウクライナ支援がどこまで続けられるかが、今後の行方を左右します。

ロシアが持つエネルギー資源

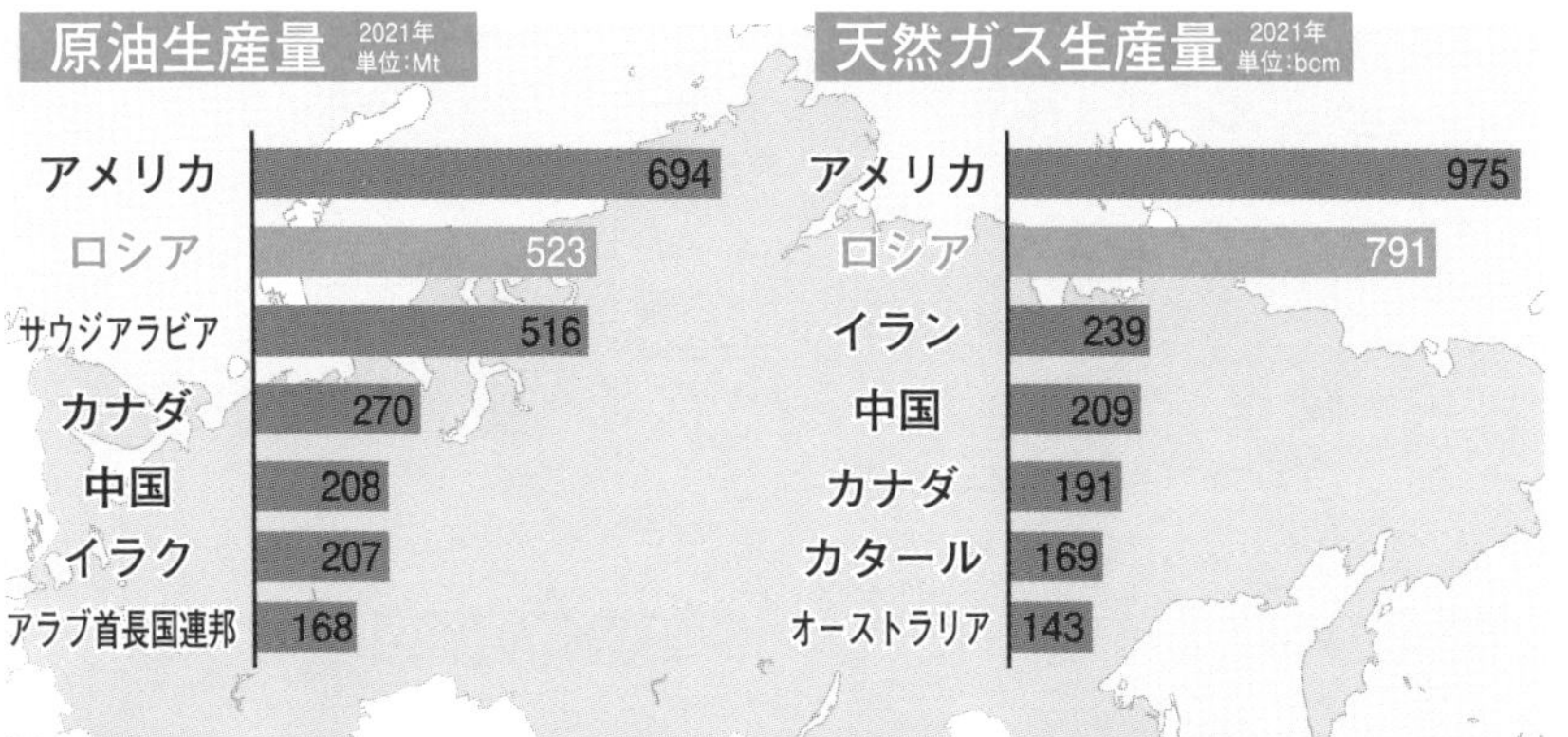

原油・天然ガス共に世界2位の資源大国

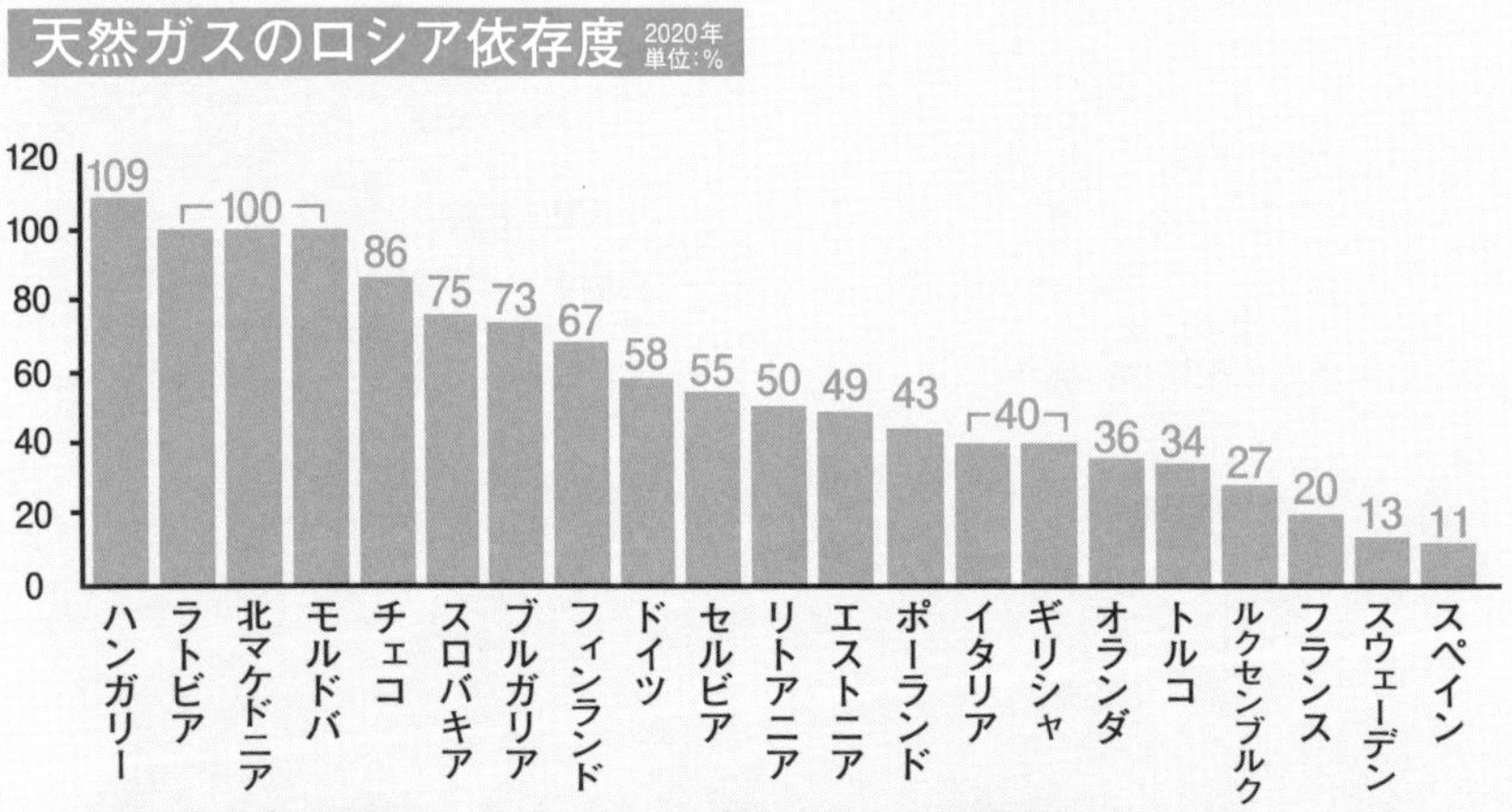

欧州各国に対する輸出も増加している

エネルギーで西側の弱みを握る

プーチンがしたたかなのは、西側陣営の弱みをしっかりと握っていることです。2014年のウクライナ危機以降、EUは「脱ロシア依存」を掲げ、エネルギー供給源の多様化をめざしてきました。ところが逆に、**ドイツやフランスを中心にロシア産の天然ガスの輸入量は増えています**。2020年のEUの天然ガス輸入量の4割以上がロシア産です。

しかも、従来のウクライナ経由のガスパイプラインにかわり、ウクライナを迂回してバルト海経由でドイツへつなぐ「ノルドストリーム2」が完成しました。ドイツは、ウクライナやポーランドに使用料を払わず、安定的に安価なガスを手にすることができます。この独露のエネルギー依存関係は「ランド・パワー同盟の復活」ともいわれました。

しかし、ロシアへの経済制裁の一環として、「ノルドストリーム2」のプロジェクト承認は停止されました。また、「ノルドストリーム1・

Point

欧州はエネルギーのロシア依存が問題、日本もサハリンの資源は貴重な調達先

ロシアエネルギーの恩恵を受ける国々

ヨーロッパにおけるロシア産ガスへの依存度

(エネルギーの総消費量に占めるロシア産ガスの比率、2020年、%、IMF職員の試算)

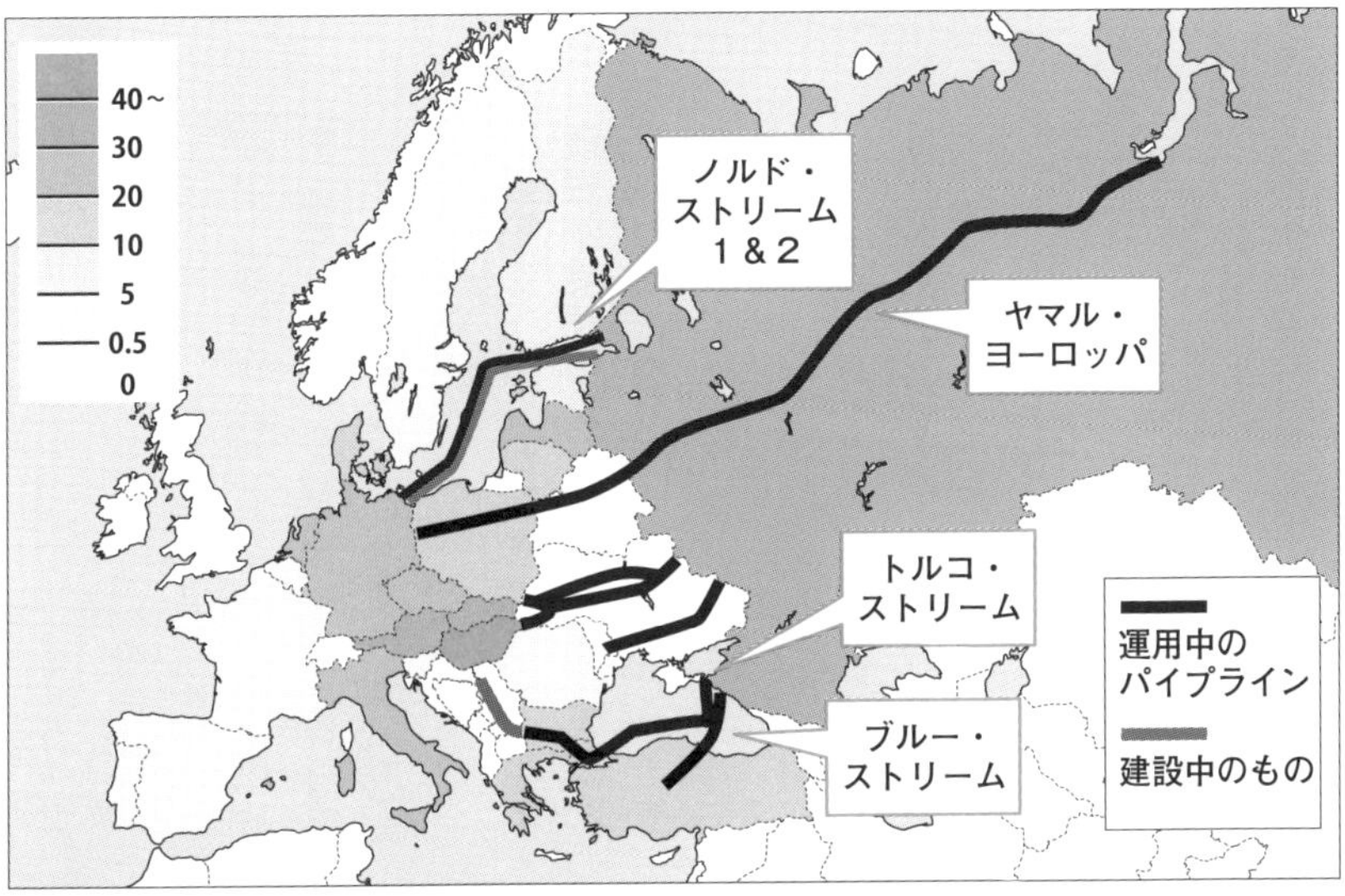

日本のエネルギー輸入先

(出典：財務省貿易統計)

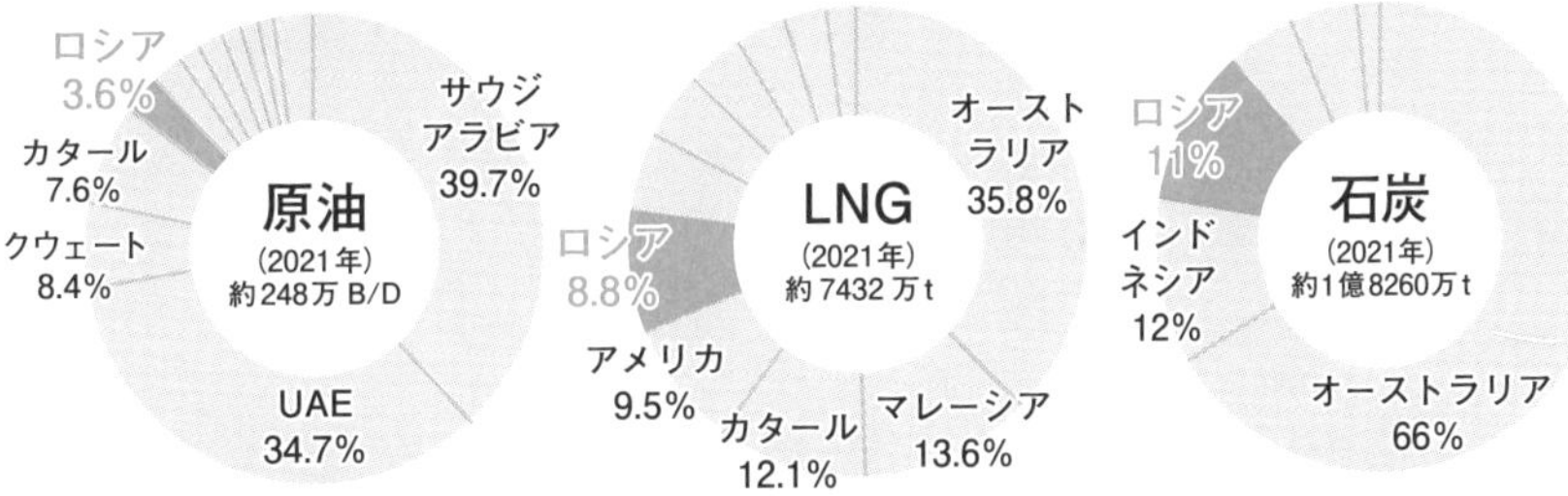

近距離から輸送ができるロシアは重要な調達先

2」に対する何者かの攻撃により、ガス漏れが発生する事件も起きています。**ヨーロッパはロシアからの天然ガス輸入量を減らし、エネルギー危機が叫ばれています。**これをチャンスと見ているのがアメリカです。アメリカは、欧州向け液化天然ガス（LNG）の輸出を増やしています。ただ、海上輸送をするためロシア産より割高となります。

ロシアは、**制裁を受ける欧州にかわり、中国やインドを大口顧客とします。**中国向け天然ガス・パイプライン「シベリアの力」に加え、「シベリアの力2」も建設中です。

日本にもゆさぶり

70年代のオイルショックをきっかけに、日本はエネルギー調達先の多角化を進めました。その候補先の1つがロシアで、日本企業はロシアのエネルギー開発に出資・参画してきました。なかでも**日本に近く、輸送コストをおさえられるサハリンは有力な調達先**です。2006年にサハリン1の原油の、2009年にサハリン2のLNGの出荷がはじまりました。

しかし、日本が対露制裁に加わったため、ロシアは報復としてサハリン2の運営をロシア企業に譲渡する命令をだしています。日本はサハリン2の権益は維持したい考えです。

column3

気候変動と地政学

国境の壁も必要になる？

気候変動は、これからの地政学を考えるうえで重要なバロメーターになります。

たとえば、地球温暖化によって海面が上昇すれば、沿岸部の都市は打撃を受けます。シンガポールは海面上昇の影響をもっとも受ける国の1つといわれます。

深刻な干ばつが起きれば、大量の難民が南から北へ押し寄せます。欧米の国は国境の南の壁の建設を本気で考えるかもしれません。

また、再生エネルギーへの転換にともない、石油への投資が低下すれば、産油国にはダメージとなります。

北極圏に進出する中国

一方、気候変動は意外な恩恵をもたらすこともあります。現在注目されているのが、**北極圏**です。

北極圏はかつては厚い氷に閉ざされていましたが、温暖化の影響で海氷が小さくなり、一転して経済活動が可能な地域となりました。

北極圏には豊富な天然資源が眠っているとされます。これに注目しているのが中国で、ロシアやグリーンランドの資源開発に積極的に投資しています。グリーンランドは、米中の地政学的火種となるおそれがあります。

また、**ロシアは北極圏航路（北方航路）の売り込みに躍起です**。北極圏航路は、スエズ運河経由の既存の航路より距離が短く、米軍不在というメリットがあり、中国が積極的に活用しています。

日本は出遅れていますが、地政学的に意味を持ちはじめた北極圏にも目を向けるべきでしょう。

●海面上昇
→沿岸部の都市の危機

●干ばつ
→南部から北部への難民流入

●エネルギー転換
→産油国への打撃

●北極圏の開拓
→北極海航路、資源開発など新たな恩恵がもたらされている

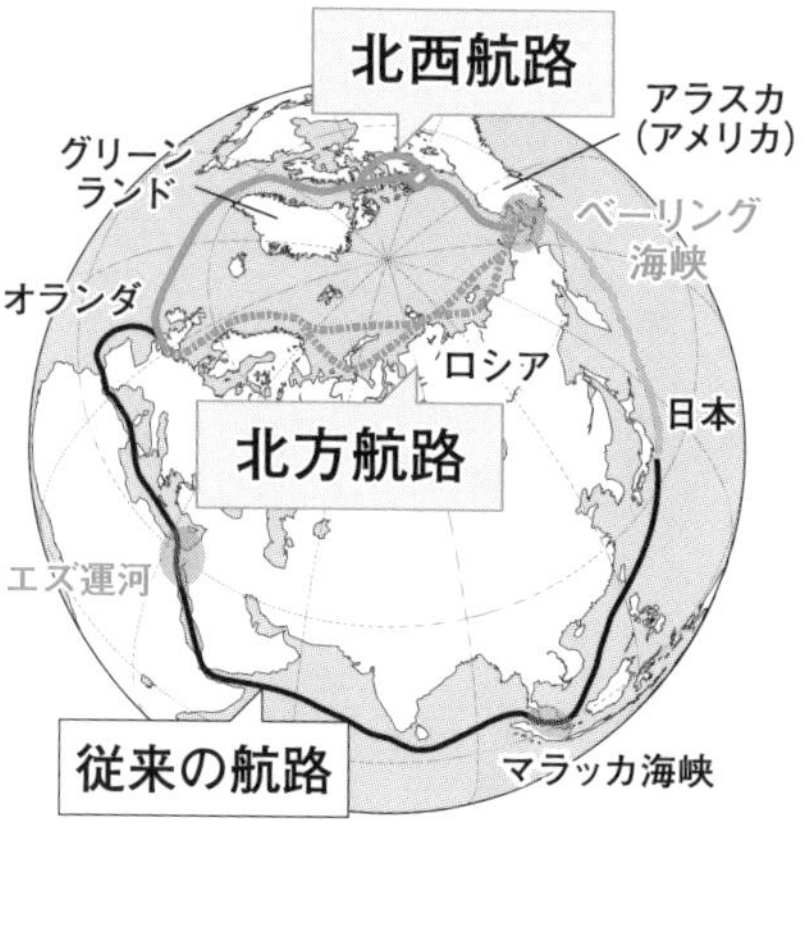

第4章

アジアから世界の覇権を狙う

中国の地政学

シー・パワーへの転換をめざす中国

ランド・パワーに侵攻されてきた中国

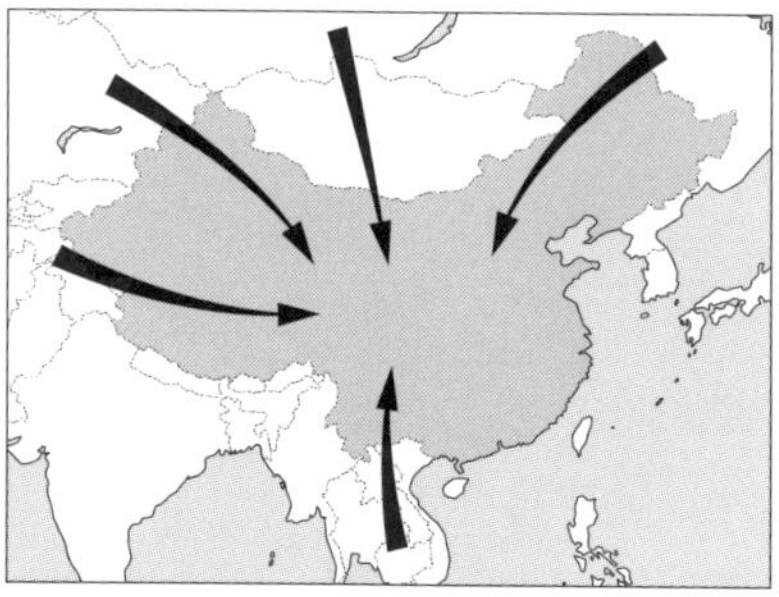

中国の敵は常に
内陸からやって来る

ランド・パワーの国
として強くなった

シー・パワーとの戦い

13世紀　元vs日本

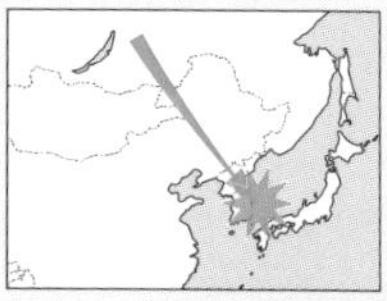

フビライ

海洋進出失敗

16世紀　明vs倭寇（日本）

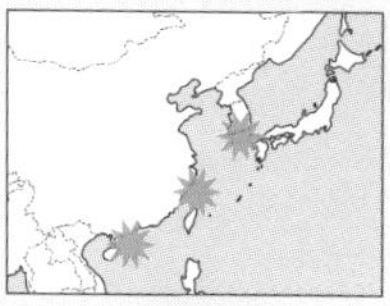

負け

19世紀　清vsイギリスなど

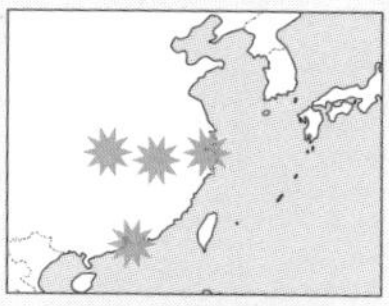

半植民地化

19世紀　清vs日本

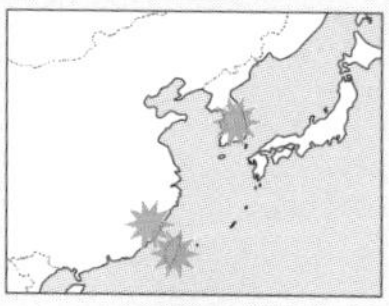

負け

海洋進出への野望を抱き続ける

中国の海洋進出戦略

長い海岸線をもっている中国ですが、歴史的に**内陸からの侵攻が多く、ランド・パワーの国として強くなりました**。戦後の中国は、ランド・パワーのベースのうえに、シー・パワーを兼ね備えた大国への道を歩みはじめます。

もともとアメリカの支援を受けていた中国ですが、戦後の内戦で勝利した共産党が一党独裁体制をきずくと、アメリカ資本はしめだされました。**ここから、ランド・パワーの中国とシー・パワーのアメリカが対立することになります**。それが表面化したのが、リム・ランドであり両国のバッファゾーンである朝鮮半島で起きた朝鮮戦争です。

毛沢東《もうたくとう》時代の中国は、ランド・パワーのままでした。しかし、そのころソ連との関係が悪化し、さらにベトナムにアメリカが軍を展開します。

南北で両大国に挟まれた状況をまずいと見た鄧小平《とうしょうへい》はアメリカに歩み寄り、ソ連の脅威

Point

ランド・パワーの国だった中国は東シナ海と南シナ海を手に入れて海をめざす

シー・パワー路線への転換期

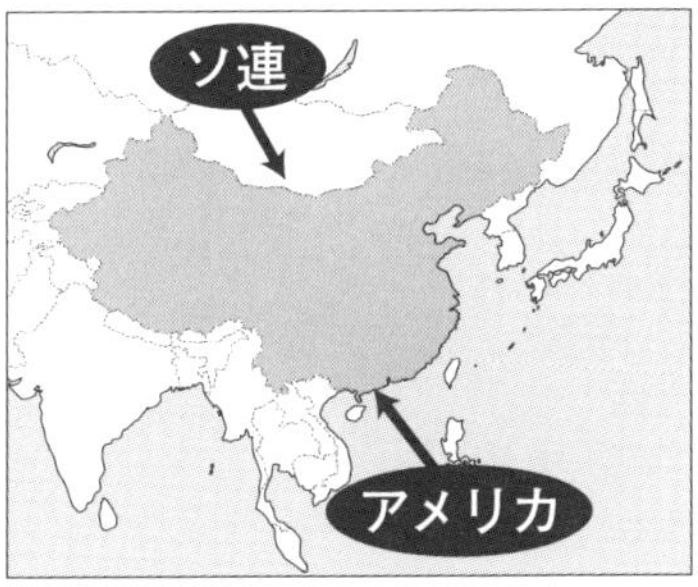

中ソ論争でソ連との関係悪化
＋
ベトナムにアメリカが軍を展開

はさまれた中国

鄧小平《とうしょうへい》が日米との関係改善とシー・パワー路線をすすめる

「第1・第2列島線」の提唱

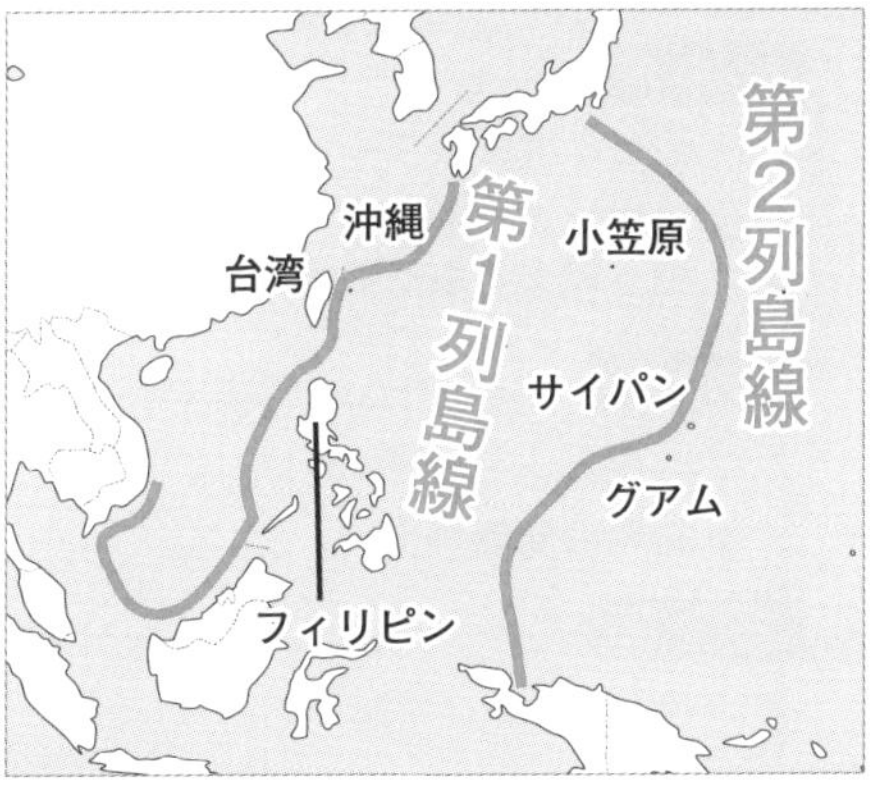

第1列島線

沖縄、台湾、フィリピンを結ぶライン

第2列島線

小笠原、グアム、サイパンを結ぶライン

に対抗しながら日・米からの資本で経済を立て直す方向に向かいました。

そのとき、すでに鄧小平の視線はその先に向いていました。経済を立て直しながら、軍備を増強し、海洋進出を図ろうとしていたのです。

狙うは東シナ海と南シナ海

鄧小平時代に打ち出された海洋戦略上の概念が、**「第1列島線」**と**「第2列島線」**です。

第1列島線は、沖縄から台湾、フィリピンを結ぶラインです。第2列島線は、小笠原からグアム、サイパンまでを結ぶラインです。尖閣諸島への領海侵犯や南シナ海への進出は、この第1列島線のプランにもとづく行動です。

これはあくまで「対米防衛線」で、この海域をすべて実効支配するという意味ではありません。米軍に出ていってもらうのが狙いです。つまり、**沖縄やグアム、サイパンのアメリカの海軍に撤退してもらい、かわりに中国海軍を展開したいと考えています。**

中国海軍は空母の増産やミサイル技術の向上にも力を入れています。2019年には国産初の空母「山東《さんとう》」が就役し、2021年8月には、核弾頭を搭載できる極超音速兵器の発射実験を行い、世界に衝撃をあたえました。

尖閣・沖縄から南沙諸島を狙う

中国が狙う沖縄・尖閣と東シナ海

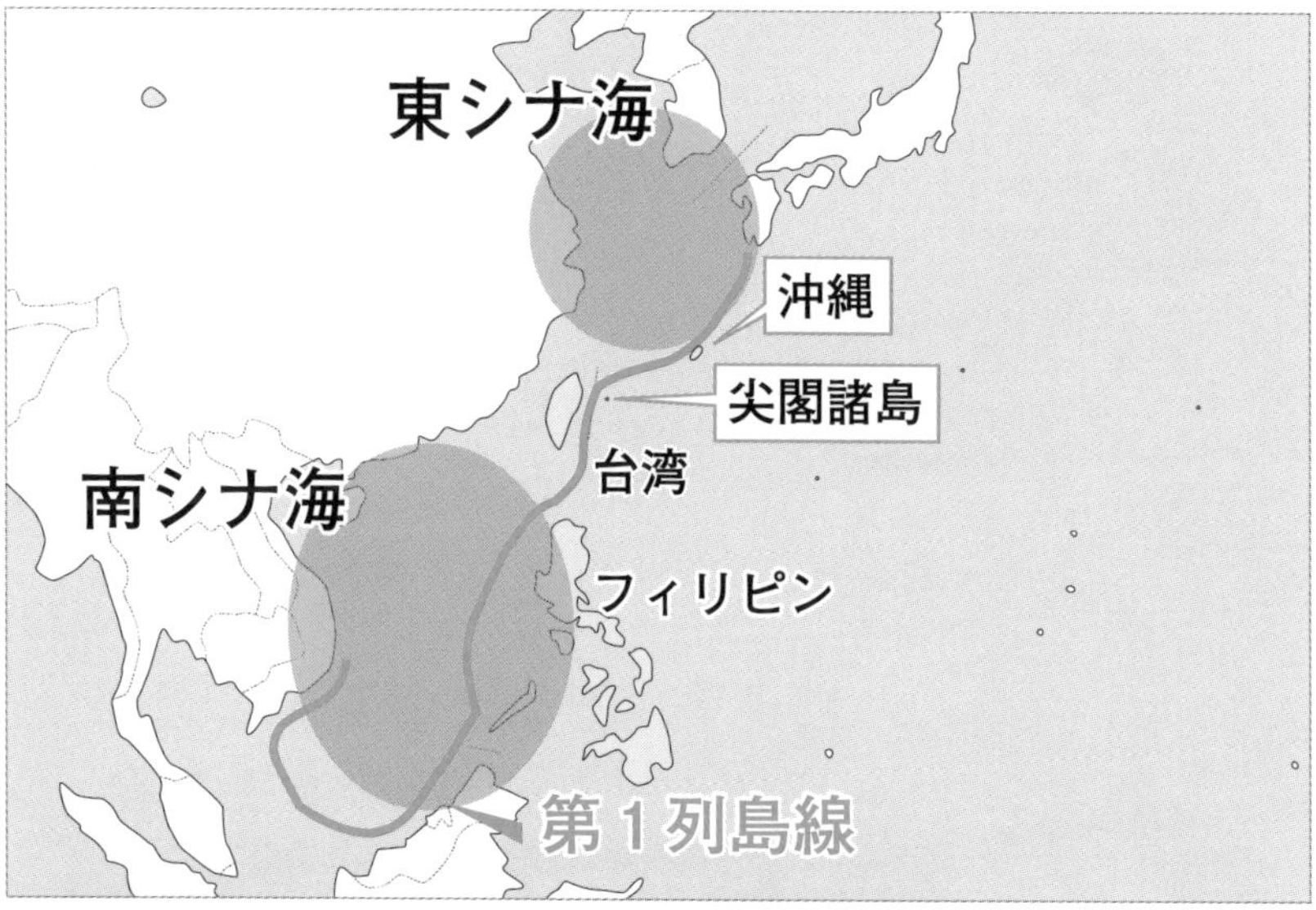

尖閣諸島をめぐる日本と中国の動き

1970年
尖閣諸島の海底資源を発見
➡ **中国が領有権を主張し始める**

1972年
日中国交正常化

1992年
中国の国内法で尖閣を領有対象とする
➡ **日本は世界に向けて抗議**

2000年
日中漁業協定を発効
➡ **尖閣諸島の海域は自国漁船のみ取り締まる取り決め**

2010年
中国漁船衝突事件
➡ **日中の関係悪化へ**

2022年
中国がたびたび尖閣周辺水域に侵入

尖閣・沖縄から東シナ海へ

第1列島線をおさえるため、現段階で問題になっているのが、東シナ海と南シナ海です。

まずは東シナ海ですが、中国はここで尖閣《せんかく》諸島や沖縄を奪いにきています。尖閣諸島は1970年代から中国が領有権を主張しており、近年も周囲に漁船を送り込みながら日本の実効支配を崩そうとしています。

沖縄では、辺野古《へのこ》新基地建設の問題などで米軍基地に対する反発が強まっています。ここでは地政学の面から考えますが、もし沖縄が独立して米軍も自衛隊も撤退したとなると、**中国軍がやってきて、あっというまに沖縄を支配するでしょう。**

これには前例があります。かつてフィリピンから米軍が撤退すると、すぐに南沙（スプラトリー）諸島に中国の漁船と称する民兵が押し寄せて、あっという間に基地をつくってしまったのです。沖縄でも同じようなことが起きる恐れはあります。

Point
南シナ海は海上交通の要衝であり、米中のパワーバランスを左右する軍事的要衝

中国が南沙諸島を実効支配する目的

1979年 中越戦争
➡ **ベトナム軍がゲリラ戦で勝利**

1984年 中越国境紛争
1988年 南沙諸島をめぐる戦い
➡ **中国が勝利、南沙諸島の実効支配を始める**

人工島の建設　　独自の線引きで中国領と主張

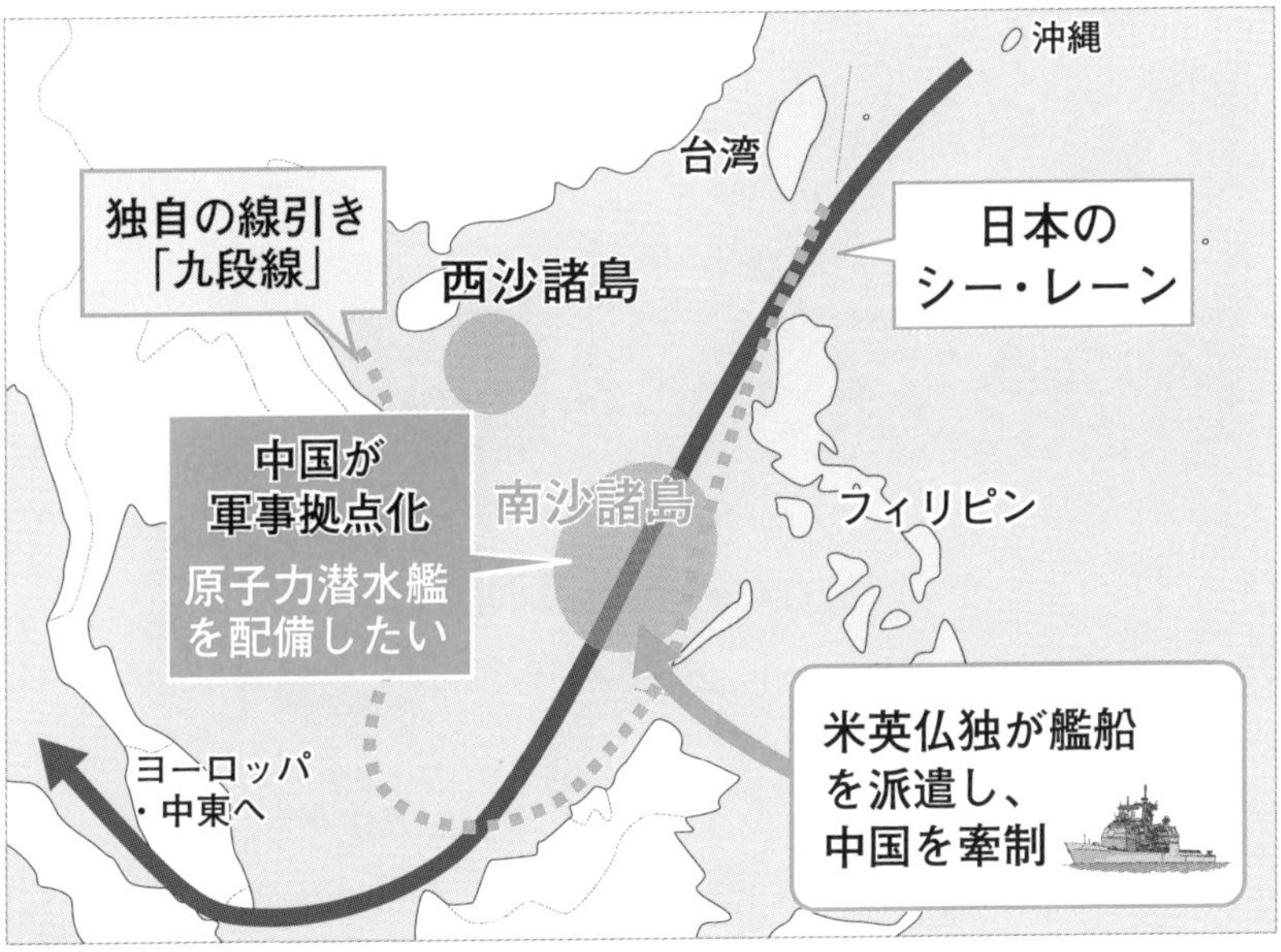

南シナ海海域に潜水艦を展開

東シナ海と同じ時期に南シナ海方面へも進出をはじめ、1980年代後半にベトナムとの戦いに勝利したことで南沙諸島を実効支配します。南沙諸島には人工島をつくり、軍事拠点と思われる施設をきずいています。

中国は南シナ海の領有を重視し、この海域に原子力潜水艦を自由に展開したいと考えています。海中の原子力潜水艦は、軍事衛星でもとらえられない最強兵器の1つです。中国としては、原子力潜水艦に核ミサイルのSLBM（潜水艦発射弾道ミサイル）を積んで、これを南シナ海に展開したいと考えています。

つまり、**中国は南シナ海を領海化できれば、SLBMを積んだ原子力潜水艦を展開し、アメリカに核攻撃をする能力を持つことになる**のです。こうなると中国とアメリカのパワーバランスが対等になってきます。

また、南シナ海が中国の領海となると、**日本のシー・レーンが分断されます**。

トランプ政権では南シナ海に艦船を派遣する「航行の自由作戦」を頻繁に実施し、中国を牽制しました。イギリスやフランス、そして2021年末には新政権が発足したドイツも加わり、欧米諸国の中国包囲網が強まっています。

マージナル・シーの結節点、台湾がほしい中国

中国の内戦を経て誕生した政権

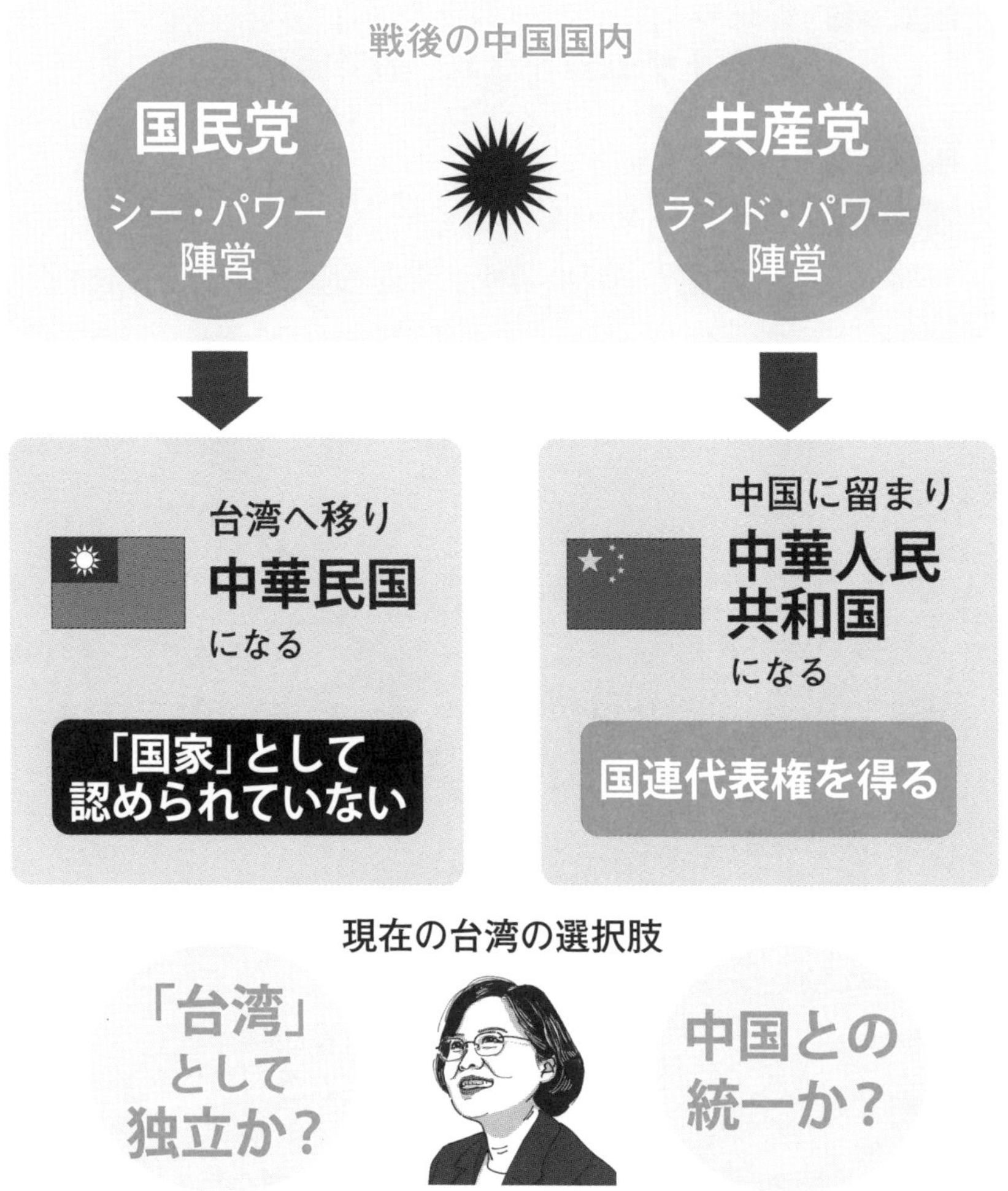
戦後の中国国内
国民党
シー・パワー陣営
共産党
ランド・パワー陣営
台湾へ移り
中華民国
になる
「国家」として認められていない
中国に留まり
中華人民共和国
になる
国連代表権を得る
現在の台湾の選択肢
「台湾」として独立か？
中国との統一か？

中国との統一か台湾独立か

いまの台湾は、中国の内戦で敗れた国民党によってつくられました。蒋介石《しょうかいせき》率いる国民党はアメリカ・イギリスが支援するシー・パワー派で、毛沢東率いる共産党はソ連が支援するランド・パワー派という構図です。

戦後、ソ連とともに満州を占領した共産党は、国民党に勝利し、中華人民共和国を樹立します。一方、**敗れた国民党の蒋介石は、台湾に中華民国の政府を置きました。**

アメリカは台湾の中華民国を支持し、中華人民共和国を認めませんでした。しかし、1971年からニクソン政権が中国との関係改善を図ったことから、国連代表権は中華人民共和国に移行しました。アメリカは1979年から台湾と断交。台湾は国際的に国家として認められない状態となります。

それからの台湾は、「中国との統一」か「台湾としての独立」という2つの選択肢のあいだで揺れ動きます。

Point

台湾は、地政学的に中国の海洋進出を食い止めるための要衝となる

2つのマージナル・シーに挟まれた台湾

台湾の地形

①起伏に富み、標高の高い山もある
②2つのマージナル・シーに挟まれている

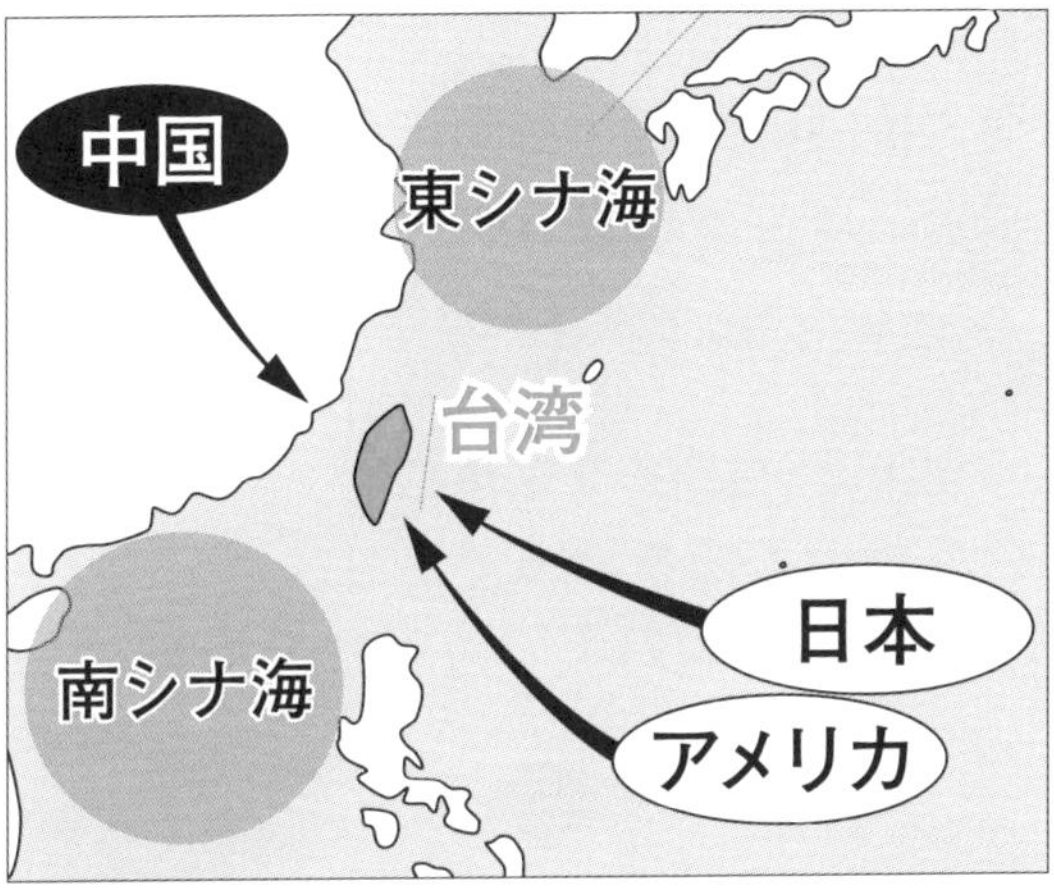

台湾の地政学的役割

中国の海洋進出を食い止める防波堤

⇒同じシー・パワーのアメリカや日本が背後から台湾をサポートする必要がある

中国に対する防波堤

台湾は、東シナ海と南シナ海という2つのマージナル・シーのあいだにあって、そのちょうど結節点に位置します。**中国の台湾支配は、東シナ海も南シナ海も奪われることに直結します**。台湾は、中国の海洋進出を食い止める重要な防波堤なのです。

アメリカは台湾と断交していますが、実際には台湾へのサポート体制を強化しています。1979年に「台湾関係法」を成立させ、台湾を国家と同様にあつかい、台湾防衛のために武器などの援助ができるとして、台湾が独立しようとすれば助けることができます。

台湾軍と米軍の連携も進んでいます。

またアメリカは、台湾をめぐる対応をあらかじめ明確にしない「あいまい戦略」をとってきましたが、バイデン大統領は台湾防衛に踏み込んだ発言をし、中国を牽制しています。

2022年、習近平政権が3期目に入り、独裁体制を固めました。政権から親米派が一掃され、台湾侵攻の可能性が高まっています。

いまや**台湾は高性能の半導体生産基地であり、「米中半導体戦争」の舞台**ともなっています。現代の戦略物資である半導体は、地政学的リスクを高める要因となります。

ユーラシア支配を狙った中国の「一帯一路」

中国の投資戦略

AIIB（アジアインフラ投資銀行）

2014年10月設立
アジアの開発途上国を対象とする投資機関

良い点

- 環境や人権面の問題を不問にして資金を貸し出す
- 途上国にとっては融資を受けやすい

問題点

- 中国の利害との結びつきが強い
- 中国のみが拒否権を持っており、適切な審査が行われているのか不透明

↓

それでも参加国は途上国だけにとどまらず、ロシアやヨーロッパ諸国も参加

加盟国は105の国・地域に及ぶ（2022年5月時点）

↓

世界中に中国資本を展開する「一帯一路」戦略への足がかりとなる

一帯一路でハート・ランドを狙う

中国は経済成長で得た豊富な資産を武器に、覇権をめざして「投資」戦略をとりました。その具体策が**「AIIB」**と**「一帯一路《いったいいちろ》」**です。

アジアインフラ投資銀行（AIIB）は、2014年10月に設立されました。アジアの開発途上国を対象とする投資機関です。AIIBは、**環境や人権面の問題を不問にして資金を貸し出したため、途上国にとっては融資を受けやすくなります。**結局、AIIBには途上国やロシアだけでなく、ヨーロッパの多くの国が参加を決めました。

一方、「一帯一路」は習近平政権が2013年から打ち出している戦略です。古代シルクロードのように、**中国とヨーロッパを陸路（一帯）と海路（一路）で結び、ユーラシア大陸に巨大経済圏を構築する**というものです。

「一帯一路」には地政学的な野望もすけて見えます。ハート・ランドにあたるユーラシア

Point

中国は資金力を武器に途上国を支援し、ユーラシア大陸に巨大経済圏を構築する

中国資本を展開する「一帯一路」戦略

一帯一路

中国とヨーロッパを陸路と海路で結ぶ
2013 年から習近平政権が打ち出した戦略

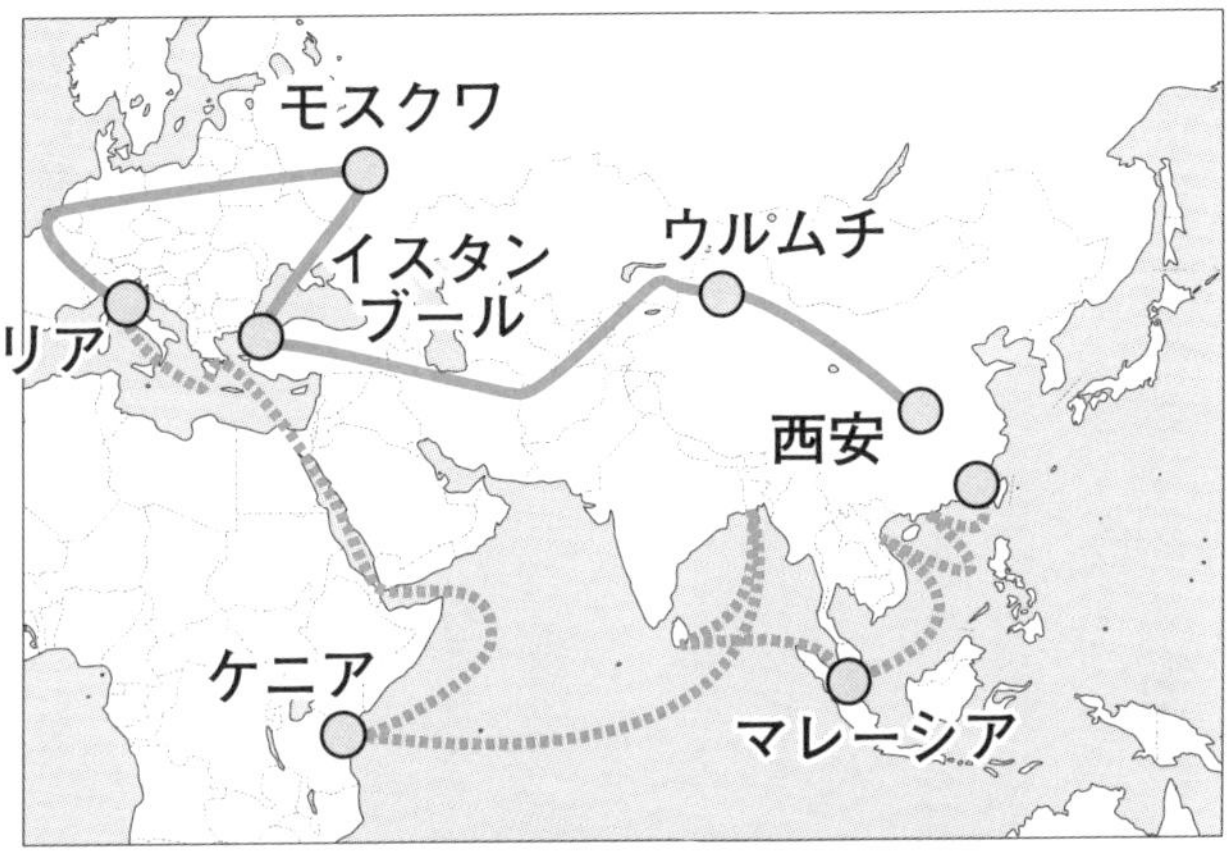

ユーラシア大陸に巨大経済圏を作る

＝

ハート・ランドとシー・レーンの両方をおさえることが目的

⬇

戦略面での重要拠点にあたる相手国を借金漬けにすることで支配している

大陸にインフラ事業を媒介とした中国中心の巨大経済圏を構築し、これを土台としてアメリカの覇権に挑みたい。これが「一帯一路」が描く真のシナリオなのです。

重要拠点をおさえる戦略

一帯一路にも各所で軋《きし》みがでてきています。**「中国がやっていることは、開発途上国の支援という名を借りた支配戦略ではないか」**という疑いがでてきているからです。

実際、スリランカでは、２０１７年、中国の融資で建設したハンバントタ港が、借金返済の滞りを理由に中国に奪われました。この港は、「真珠の首飾り」（Ｐ77）と呼ばれるシー・レーンの拠点であり、まさに中国の思う壺となってしまったのです。

一帯一路の「債務の罠」に対する警戒感は強まっていて、マレーシアやパキスタン、イタリアは、中国のインフラ投資計画に対し、見直しや縮小を迫っています。

一方、**中国に対する国際的な包囲網が形成されつつあります**。新疆ウイグル自治区の人権弾圧に対しては各国から「ジェノサイド認定」が相次ぎました。そして、アメリカを中心とした「クアッド」「オーカス」があります（Ｐ28）。

column4

半導体と地政学

第3の戦略物資

国の安全を守るのに欠かせない戦略物資といえば「鉄」「石油」です。これに加えて**「第3の戦略物資」に浮上しているのが「半導体」です。**第2次世界大戦のときには、石油が戦争の行方を決める戦略物資でしたが、現在は半導体がそのポジションにあります。

半導体はスマホやPC、車、家電などの主要部品となり、現代社会に欠かせないものになっていますが、戦闘機やミサイル、レーダーなど、**軍事技術にも欠かせない**ものとなっています。高性能な半導体技術があれば、軍事的優位性を確保できます。

ウクライナ戦争では、西側が半導体などハイテク製品の対ロシア禁輸措置をとりました。ロシアは食料とエネルギーは自給できますが、半導体は作れないので、弱点をつかれた格好です。

台湾問題は半導体争い

最先端半導体技術をめぐる争いは、地政学的リスクを高めます。

現在の半導体シェアは**台湾、韓国、アメリカ**がにぎっていますが、なかでも高度な半導体は**台湾のTSMC**や韓国のサムスンしか作れなくなっています。これに危機感をもつアメリカは、国内サプライチェーンを強化するとともに、台湾防衛に傾注しています。

中国は台湾統一をめざして、軍事侵攻も辞さない構えです。もしも中国が台湾統一を果たすと、TSMCは国有化され、同社の技術は中国の半導体産業に組み込まれ、中国の軍事技術が高まることになります。同時に、**世界各国への最先端半導体の供給がストップします。**ここに米中対立と台湾問題の本質があるといえます。

世界半導体市場の国別シェア（2021年）

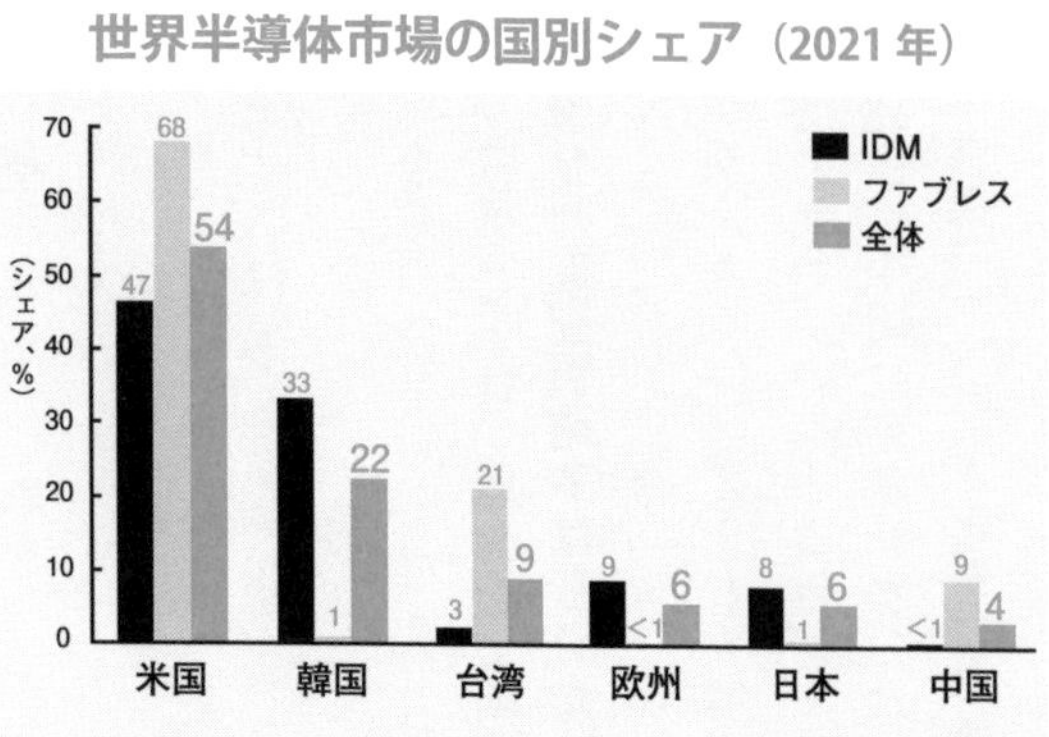

（出典：IC Insights）

半導体メーカーの世界ランキング（2021年）

1. インテル（アメリカ）
2. サムスン電子（韓国）
3. TSMC（台湾）
4. SKハイニックス（韓国）
5. マイクロン・テクノロジー（アメリカ）
6. クアルコム（アメリカ）

（出典：IC Insights）

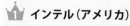

第5章

EUの存在が揺らぎ始めた？

ヨーロッパの地政学

なぜヨーロッパは１つになった？

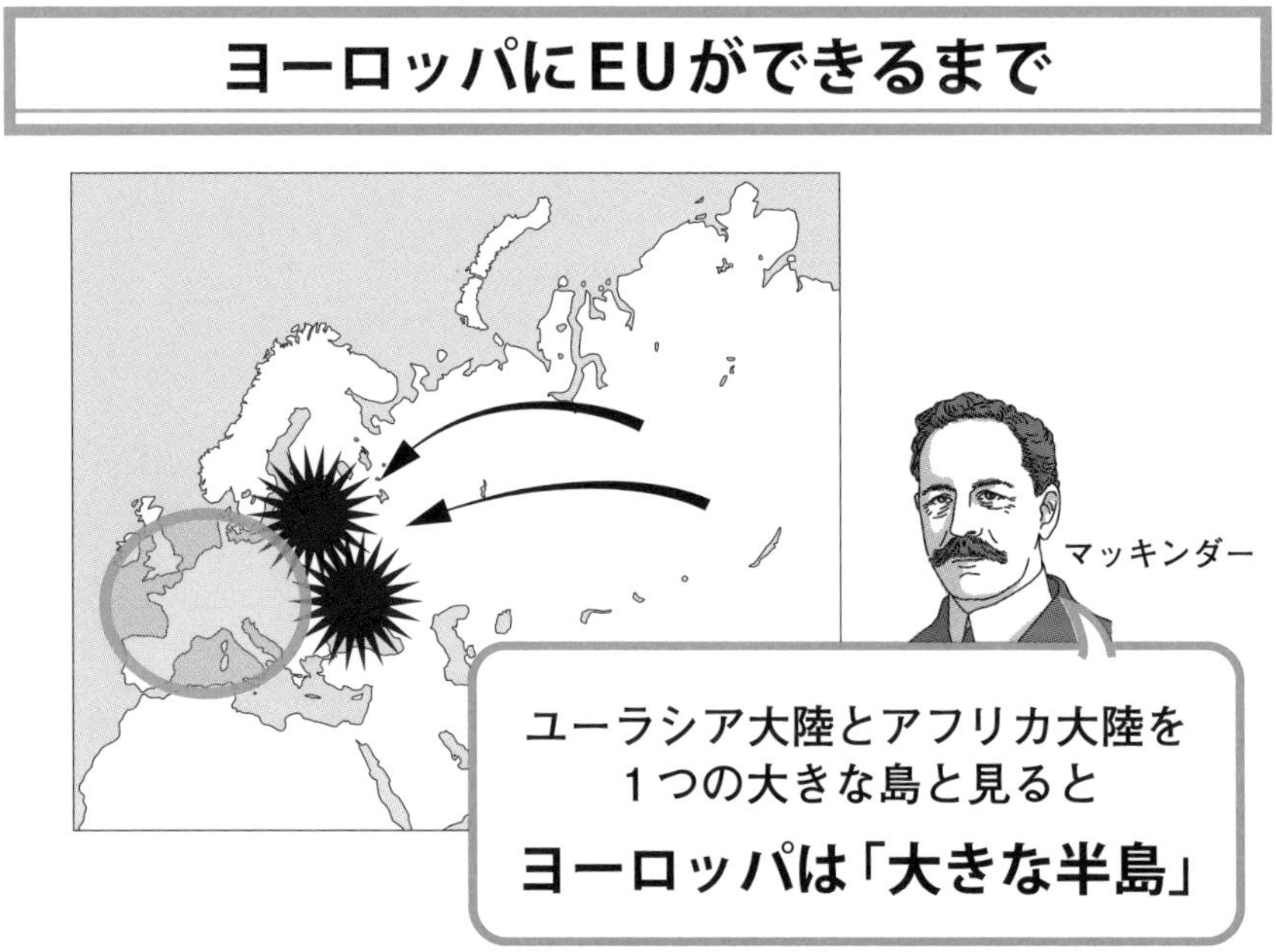
ヨーロッパにEUができるまで
マッキンダー
ユーラシア大陸とアフリカ大陸を
１つの大きな島と見ると
ヨーロッパは「大きな半島」

東欧をバッファゾーンに 大陸の勢力と対峙してきた

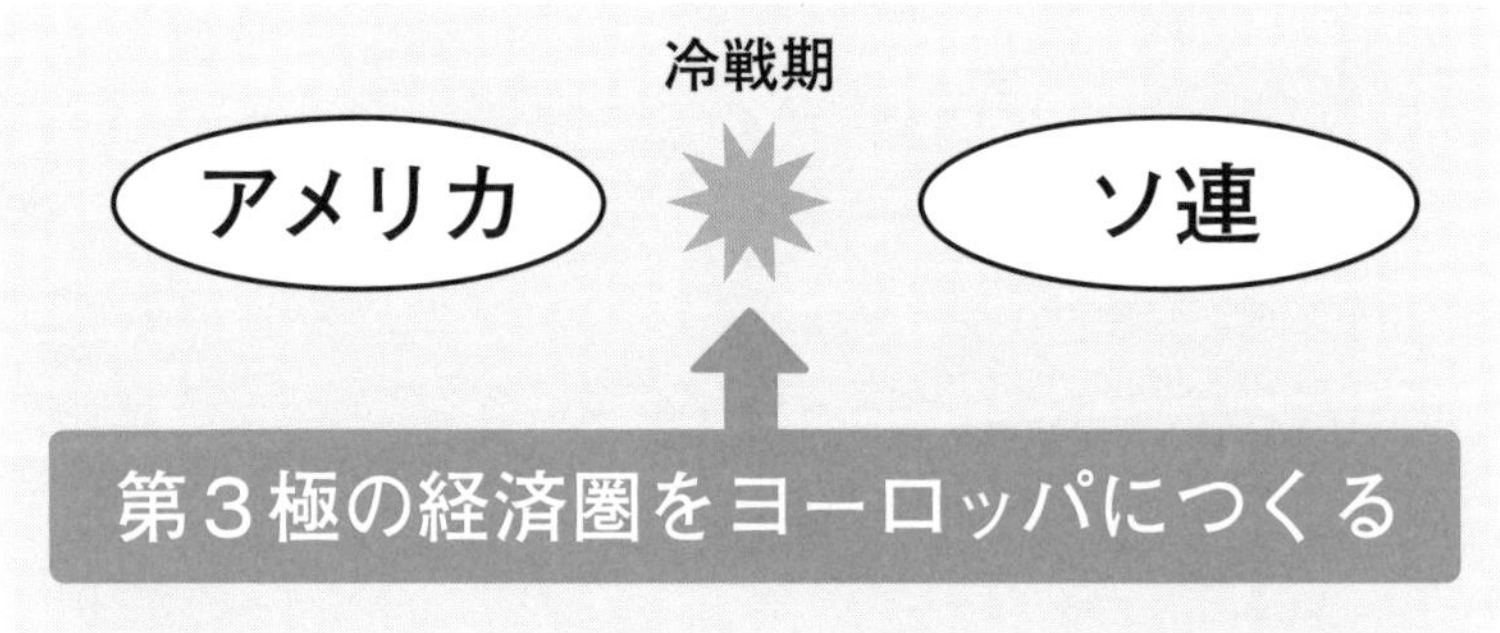
冷戦期
アメリカ
ソ連
第３極の経済圏をヨーロッパにつくる

ヨーロッパは大きな半島？

ヨーロッパはＥＵ（欧州連合）でまとまっていますが、最近のＥＵにはいいニュースがありません。まずはＥＵ誕生にいたるヨーロッパ全体の地政学的な背景を見ていきましょう。

ヨーロッパは、大きな半島にあたります。ユーラシア大陸とアフリカ大陸を１つの大きな島（世界島）とすると、その西側につきでている半島がヨーロッパということです。

半島は、大陸と接する付け根の部分を支配されると侵攻を受けやすくなります。**ヨーロッパ半島の付け根は東欧で、ここはヨーロッパにとってバッファゾーンとなる**わけです。ヨーロッパとロシアが東欧のバッファゾーンを介して対立する、という構図は基本的に現代まで変わっていません。

第３極の道を模索する

戦後の冷戦期は、アメリカとソ連、２つの

Point

米ソに対抗する「第3の経済圏」としてEU誕生、東欧諸国がバッファゾーンに

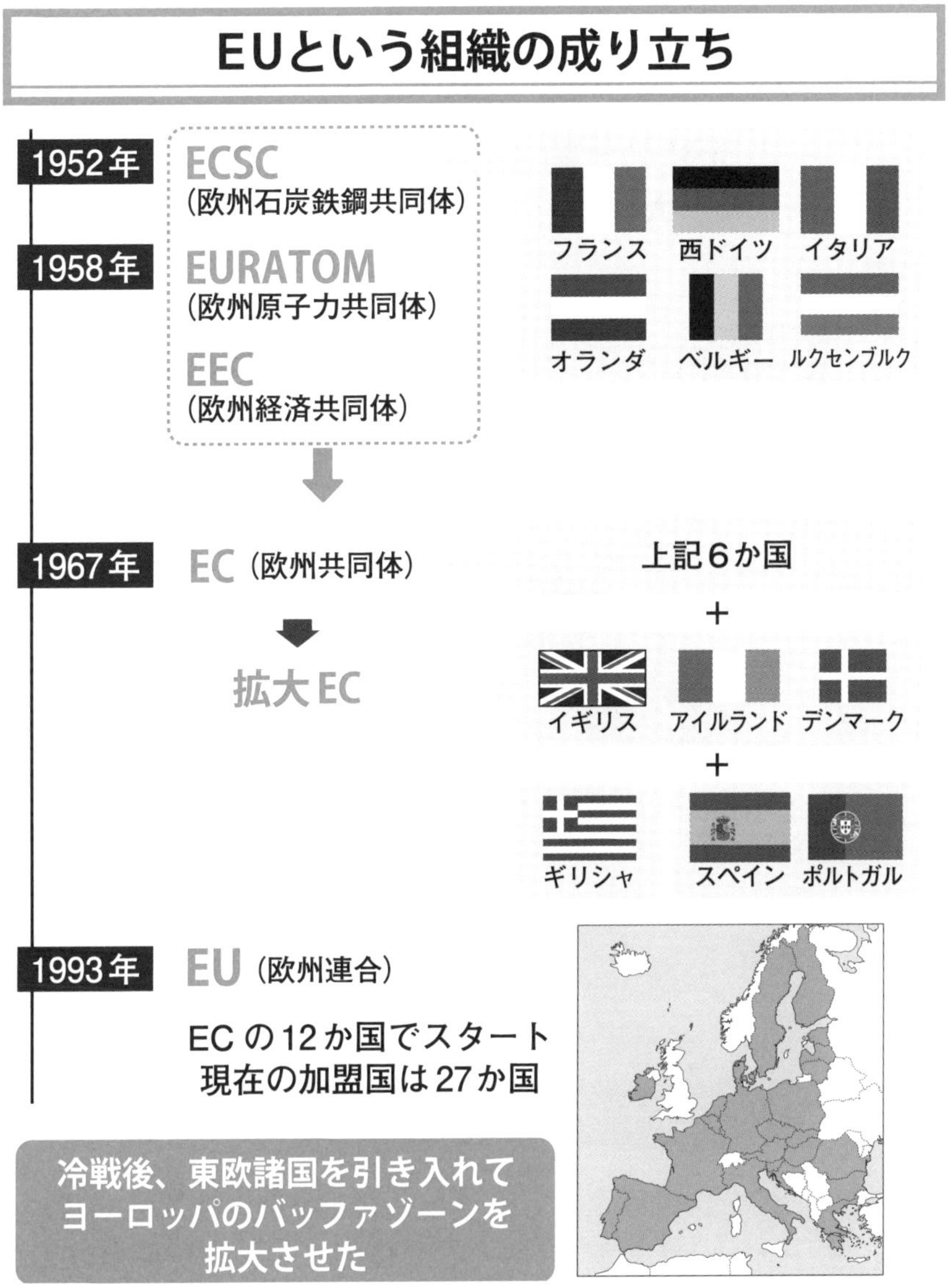

大国のグレート・ゲームとなりましたが、そのあいだに挟まれ、**「この2つの大国に対抗する第3の経済圏をヨーロッパにつくる」**という発想から生まれたのが、いまのEUです。

戦争を繰り返してきたヨーロッパが、戦争の火種となる資源（石炭・鉄鋼）を共同管理し「二度と戦争を起こさない」と誓ったところからいくつか前身となる組織が誕生します。

フランス・西ドイツ・イタリア・ベネルクス3国の6か国で始まった組織は、加盟国を12か国に増やし、1993年、EUが発足しました。

冷戦終結で東欧諸国を吸収

EUがなぜこの時期にできたかというと、東西ドイツが統一したからです。ヨーロッパ諸国があせって、**ドイツを仲間にとり入れるために欧州統合をいそいだ**のです。

EUの加盟国は2000年代に急増し、28か国にまで拡大しました（現在は27か国）。この急拡大の背景には、冷戦の終結があります。

EUは、ロシアの弱体化につけこみ、冷戦終結で民主化した東欧諸国を引き入れました。**バッファゾーンを吸収する形で東方に拡大した**のです。しかし、またこれをロシアが押し戻そうとしている、というのが現在の状況です。

シー・パワーの教科書 海洋国家イギリス

イギリスの「バランス・オブ・パワー」

大陸の大国とだけ戦うことで
大陸からの侵略を防ぐ

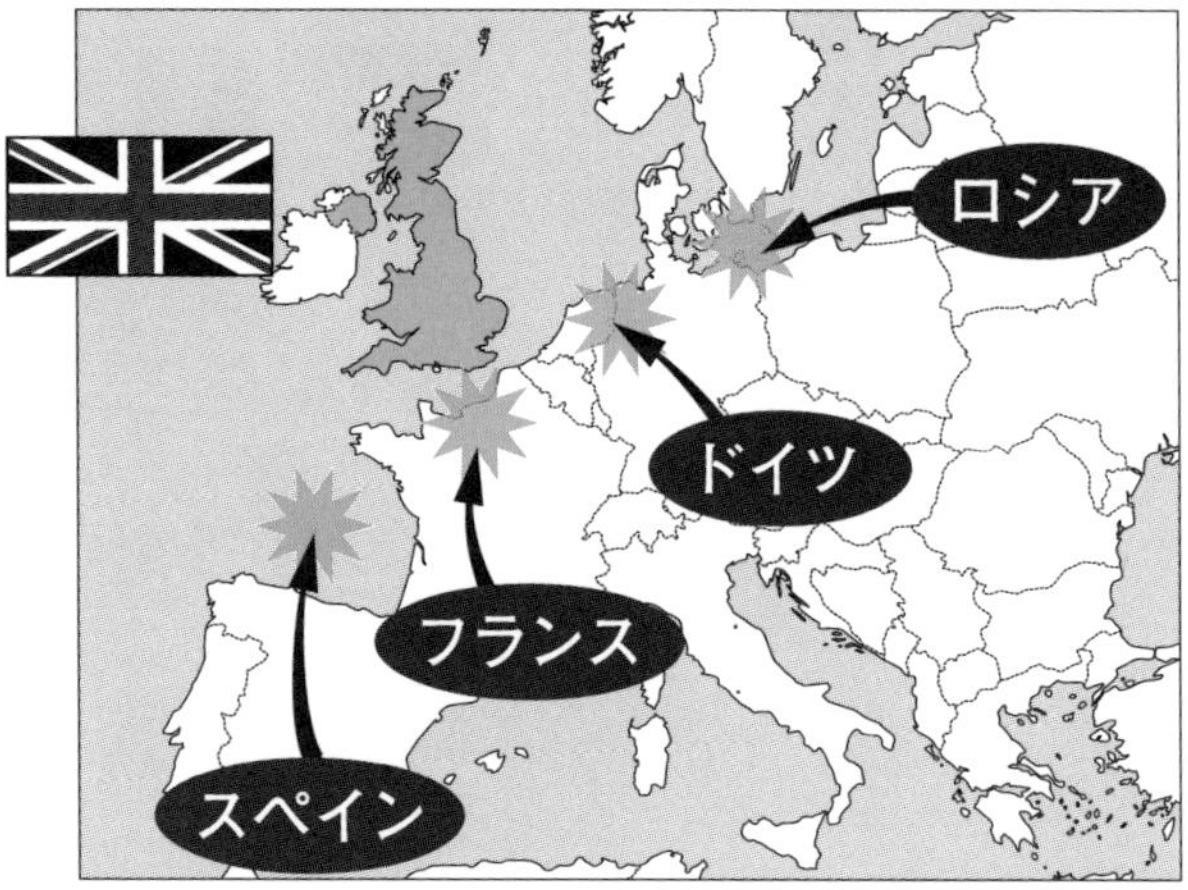

島国という地形を生かし、少ない兵力で国を守れる

↓

植民地拡大に力を注ぎ、シー・レーンを展開

↓

ハート・ランドをおさえるロシアとの戦いへ

ただし、第２次世界大戦では対ドイツでソ連と同盟を結び、
「バランス・オブ・パワー」から逸脱した動きをとる

バランス・オブ・パワーの伝統

イギリスは、ヨーロッパ半島の西に浮かぶ島国で、シー・パワーの代表格です。

イギリスのヨーロッパ大陸に対する戦略は、「バランス・オブ・パワー」でした。**ヨーロッパ大陸内でそれぞれの国の力が拮抗するようにしておいて、強国があらわれたときだけ叩く**、という戦略です。基本的にこの戦略によって、イギリスは大陸からの侵略を防いできました。

イギリスは海に囲まれていて、比較的少ない兵力で守りを固められるので、その余力を植民地の獲得に注ぐことができました。18〜19世紀にかけてイギリスは世界帝国をきずきます。「世界島（ユーラシア＋アフリカ）」のリム・ランドとマージナル・シーをおさえたイギリスですが、**これに対抗したのが、ハート・ランドをもつロシア**です。イギリスは、ロシアを倒すことはできないと冷静に分析し、封じ込め戦略でその拡大を防ぎました。

第2次世界大戦では、ドイツが東欧からソ連

Point

バランス・オブ・パワーの伝統国は「反ＥＵ」の決断を下した

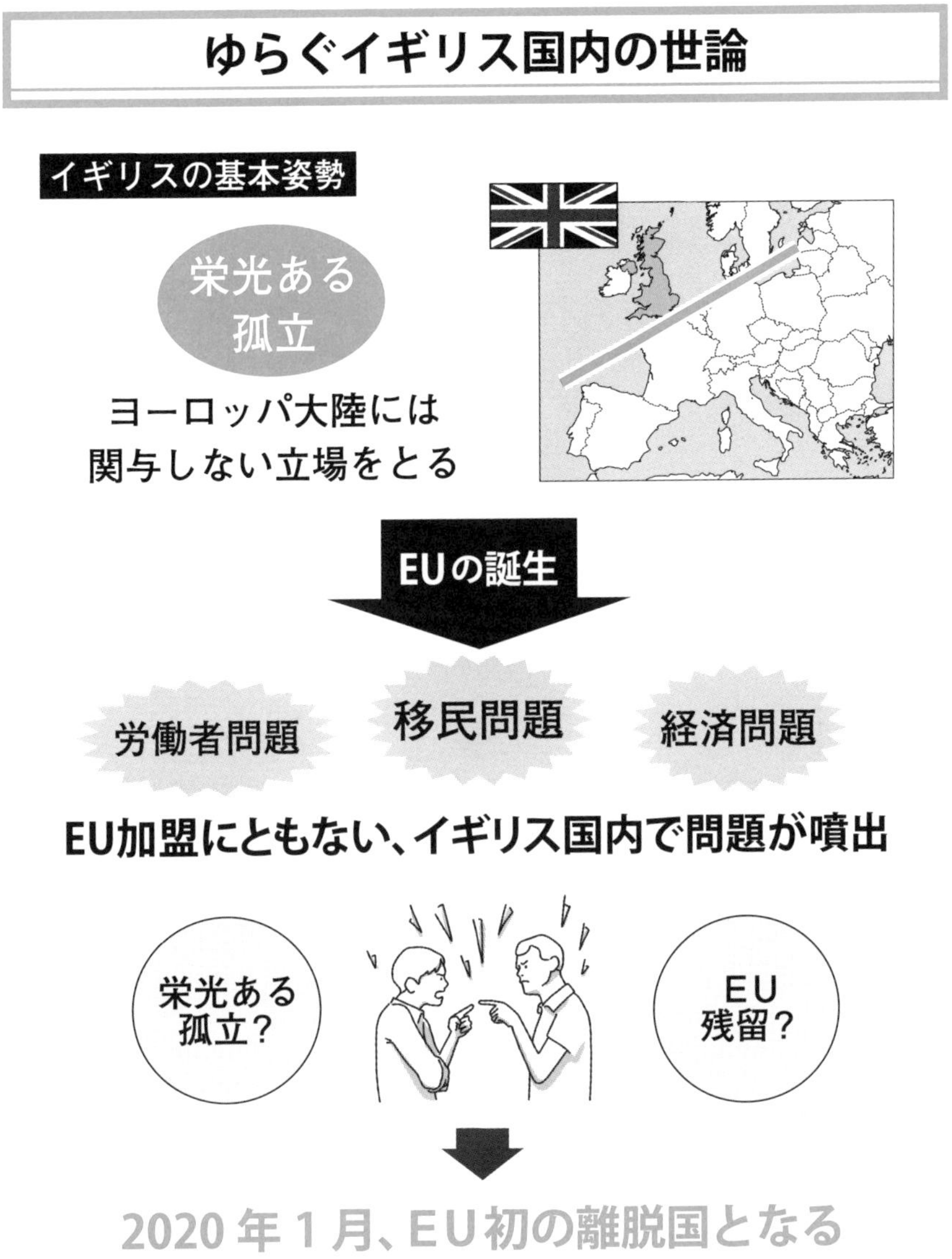

ゆらぐイギリス国内の世論
イギリスの基本姿勢
栄光ある孤立
ヨーロッパ大陸には関与しない立場をとる
EUの誕生
労働者問題
移民問題
経済問題
EU加盟にともない、イギリス国内で問題が噴出
栄光ある孤立？
EU残留？
2020年1月、EU初の離脱国となる

に侵攻する動きを見せたので、東欧を守るべく、ソ連と同盟を結んでドイツを抑え込みました。

しかし、バランス・オブ・パワーの原則にしたがえば、ソ連とドイツは戦わせて消耗させておき、勝ったほうを叩く、という戦略でよかったと分析する向きもあります。結果的に、第２次世界大戦が拡大したことで、アジアの植民地は日本によってことごとく解放させられてしまいました。

「栄光ある孤立」へ

戦後のイギリスは、ヨーロッパ大陸とのつきあい方で模索がつづいています。基本的にはバランス・オブ・パワーで、ヨーロッパ大陸に関与しない**「栄光ある孤立」**という路線ですが、外から観察しているだけ、というわけにもいかなくなり、ＥＵに加盟しました。

ただ、国内には当時から「ヨーロッパ大陸諸国とは別の選択をするべきだ」という加盟反対派がいて、**ユーロ危機や移民の流入など、さまざまな問題が噴出してくると、「反ＥＵ」の感情に火がつきました。**

それが、２０１６年のＥＵ離脱を問う国民投票につながります。結果、２０２０年１月に初のＥＵ離脱国となりました。

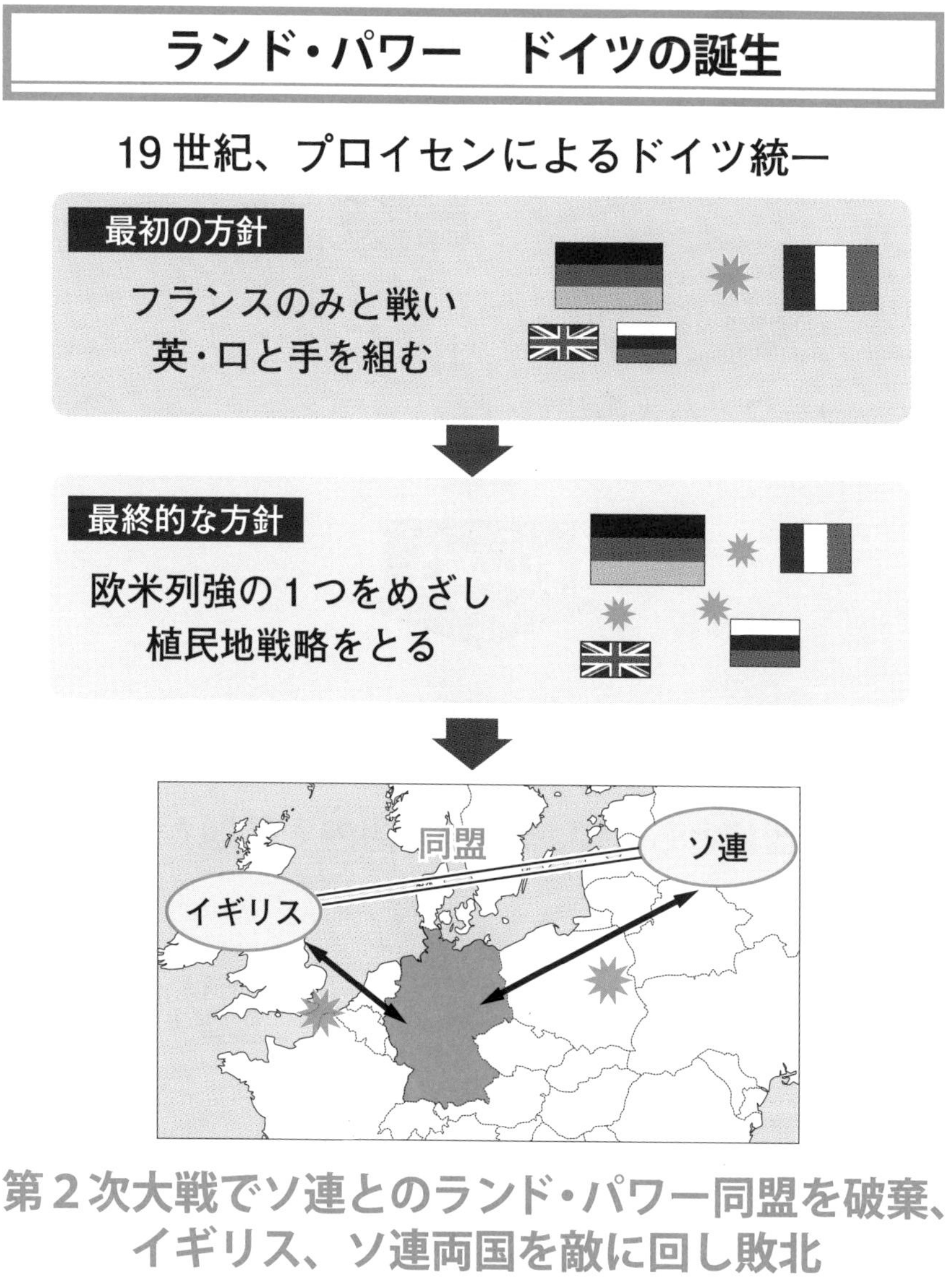
ランド・パワー　ドイツの誕生
19世紀、プロイセンによるドイツ統一
最初の方針
フランスのみと戦い
英・ロと手を組む
最終的な方針
欧米列強の1つをめざし
植民地戦略をとる
同盟
ソ連
イギリス
第2次大戦でソ連とのランド・パワー同盟を破棄、
イギリス、ソ連両国を敵に回し敗北

大国に挟まれたランド・パワー

中世に「神聖ローマ帝国」という300を超える小さな国の集まりがあり、そのなかから台頭したプロイセンによって、ドイツが統一されました。

この統一を主導した宰相《さいしょう》ビスマルクは、**「フランスだけを相手にし、イギリス・ロシアとは手を組む」**という戦略を立てました。

ところが、皇帝ヴィルヘルム2世はこれに反対して、「ドイツは欧米列強の1つになる」というビジョンを立てます。ランド・パワーのドイツは、鉄道網を建設して中東方面に侵出し、植民地をつくる戦略を進めました。

しかし、**イギリス・ロシア・フランスを同時に敵に回した結果、第1次世界大戦で敗北します**。第1次世界大戦の失敗をふまえた戦略を考えたのがヒトラーです。ヒトラーは、シー・パワーの大国イギリスとの戦いを避け、ソ連を倒すという戦略を立てました。

Point

EU経済圏で圧倒的な黒字をたたき出したが反移民・反EUの圧力にさらされる

EUという組織とドイツ経済

EU随一の経済大国・ドイツ

・関税がかからない
・相対的なユーロ安

良質な輸出品を持つドイツには有利にはたらく

共通通貨ユーロの問題点

黒字国は黒字を、赤字国は赤字を拡大する

ドイツ好調 → 他国不調 → ユーロ安

域内全体の経済状況に応じてユーロ安／高が決まるため、輸出が強い国に追い風となる

EU内でドイツが「一人勝ち」の状態になる

すると、イギリスはソ連と軍事同盟を結んで対抗し、ドイツは敗れます。これが第2次世界大戦です。

戦後のドイツは、米英のシー・パワーとソ連のランド・パワーによって東西に分割されます。冷戦時代のドイツは東西の陣営のバッファゾーンになっていたのです。

ユーロ安で輸出が有利に

近年のドイツは経済大国として実力をつけていますが、その要因の1つには、プロテスタントの国という点があげられます。カトリックとは対照的に、プロテスタントの国では「金儲けと蓄財がOK」とされるので、真面目に働く人が増えます。

ドイツは、資源が豊富にあるわけではありませんが、モノづくりが得意で、機能性とデザイン性を兼ね備えた良質な商品をつくります。その販売先はEUの国々です。**「関税ゼロ」のEUでは、輸出入がしやすい。良質な輸出品をもっているドイツにとっては好都合**です。

また、実力よりも相対的にユーロ安になっており、ますます経常収支は黒字となるのです。

こうして一強を誇ったドイツですが、内外から反移民・反EUの圧力にさらされ、EU内での立場もあやうくなっています。

パンデミック後の欧州の憂鬱

加速する反グローバリズムのうねり

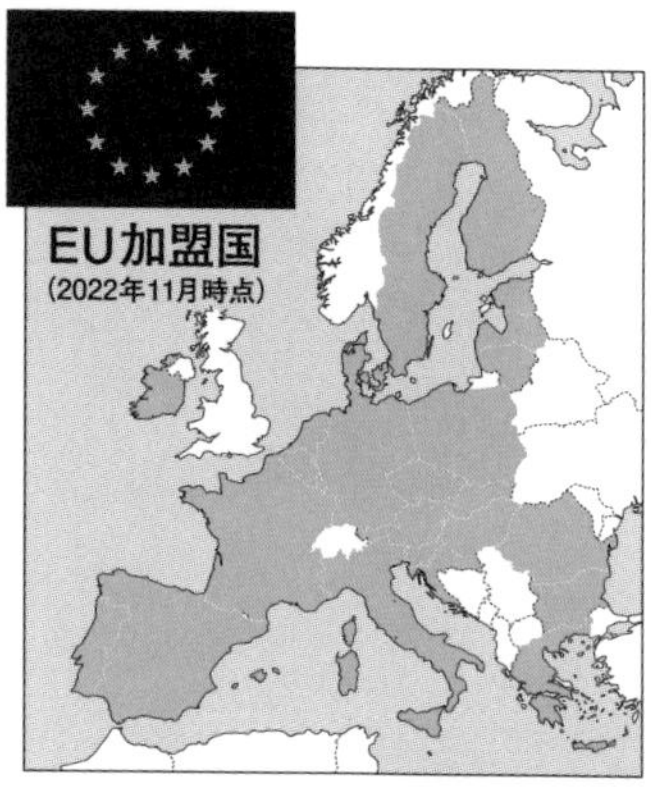

**金融危機や
難民流入の問題**

↓

**グローバルなシステムの
矛盾が表面化**

↓

各国で反EUを掲げる政党が躍進

ドイツ
「ドイツのための選択肢」

フランス
「国民連合」
(旧・国民戦線)

ポーランド
「法と正義」

など

**各国内の大衆の不満を受け止める
「ポピュリズム政党」に**

反ＥＵのうねり

近年のＥＵでは「反グローバリズム」のうねりが起きていて、パンデミック後はさらに多くの困難に見舞われています。

ＥＵでは、２００９年のギリシャ金融危機と２０１５年の欧州難民危機により、「人もモノも金も自由に移動する」というＥＵのグローバルなシステムの矛盾があらわになりました。これをきっかけに、**各国でＥＵ統合路線に対する反発が起きました。**

フランスの「国民連合」（旧・国民戦線）やドイツの「ドイツのための選択肢」などが反ＥＵの代表です。これらの政党は、大衆の不満や怒りの受け皿となっているという意味で「ポピュリズム政党」といえます。イギリスでは国民投票をへて、ＥＵ離脱にいたりました。

ウクライナ支援か自国優先か

ウクライナ戦争もＥＵをゆるがしています。

Point

NATO加盟、ロシア制裁などで足並みは揃わずEU統合路線への反発が続く

エネルギー問題に直面するEU

フランスとドイツの電力価格 （出典：EEX）

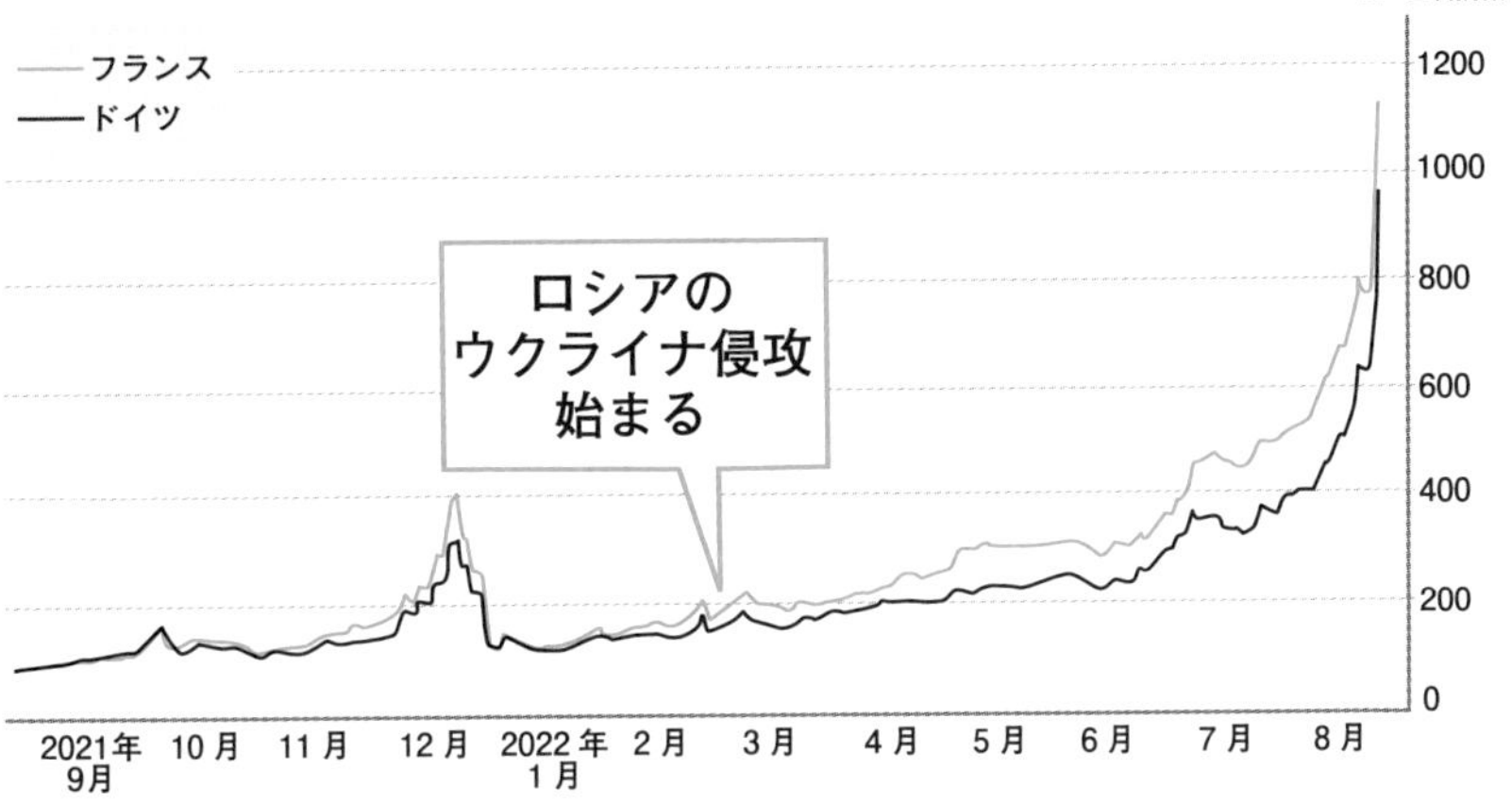

EU 各国の動き

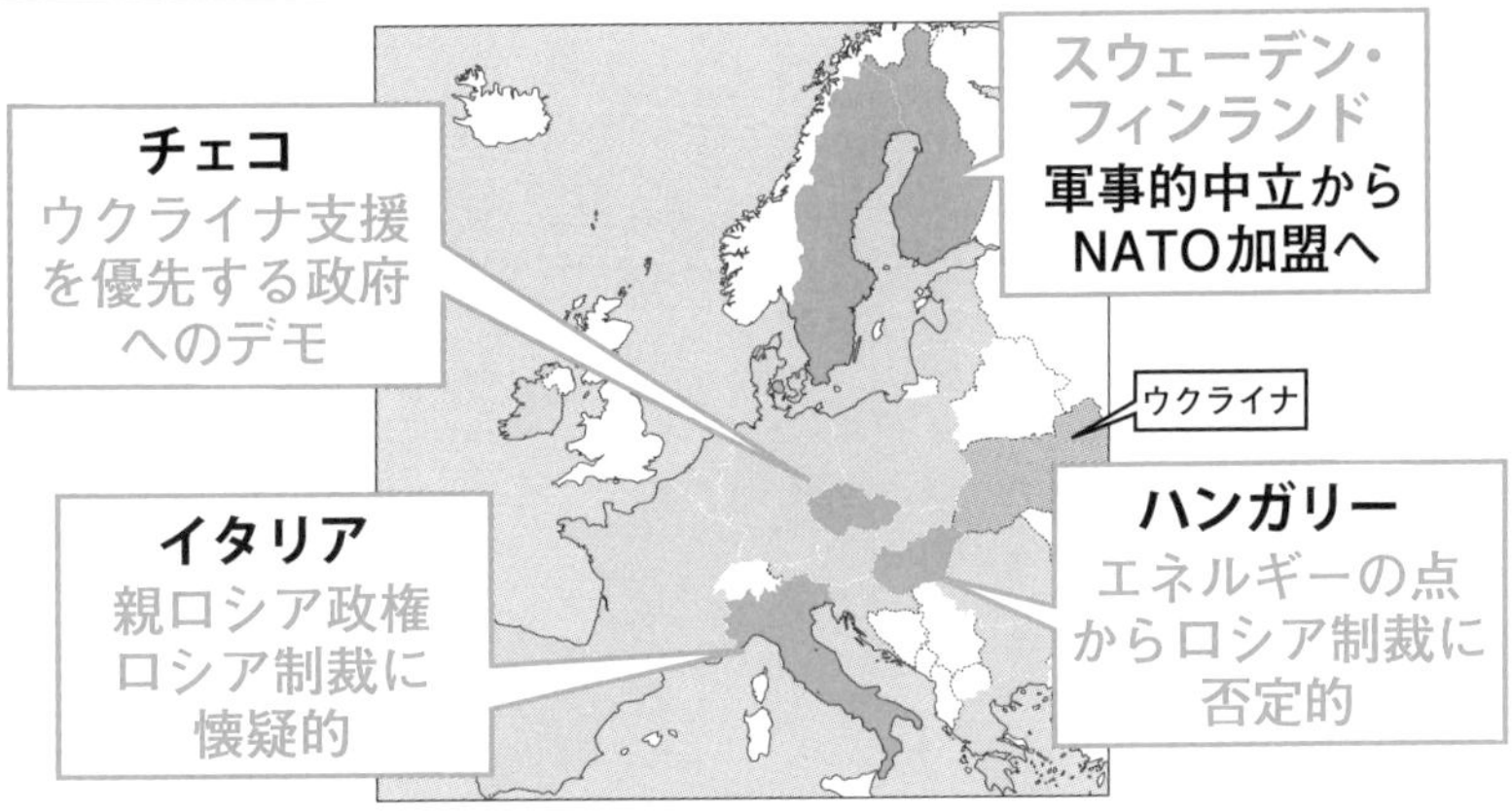

各国が自国の利益のために動き始める

ロシア制裁以降、ヨーロッパではエネルギー価格が高騰し、インフレが加速しています。**制裁が欧州自体に跳ね返ってきている**のです。

これには反発が起きています。

輸入ガスの8割をロシア産に依存するハンガリーでは、オルバン首相がロシア制裁に批判的です。イタリアでは、「自国優先」「反移民」を掲げた右派政党「イタリアの同胞」のメローニ党首が連立政権を発足させました。連立のパートナーであるベルルスコーニやサルビーニは、プーチンと親しく、ロシアへの経済制裁に懐疑的です。チェコでは、自国民よりもウクライナを優先しているとして政権に対する抗議デモが起きています。

反対に、ロシアの脅威に対してNATO拡大の動きが起きています。

スウェーデンとフィンランドが、NATO加盟手続きをはじめました。この北欧2国はEU加盟国でありながら、軍事的な中立政策によって平和を維持してきました。それが、軍事同盟加盟へと方向転換したのです。

新規加盟には既存の全加盟国の賛成が必要です。ロシア寄りのトルコとハンガリーの対応が注目されます。ウクライナもNATO加盟を求めていますが、紛争中の国が加盟すれば、ロシアとの全面戦争になりかねません。

column5

海流と地政学

イギリスと日本の違い

海をもつ国はどこでも同じようなシー・パワーの国になるかというと、そうではなく、**海の性質に左右される**ところがあります。なかでも海流があたえる影響は大きいです。

たとえば、イギリスを見てみると、フランスとのあいだにあるドーバー海峡は、遠泳コースになるほど穏やかです。イギリスからは、偏西風《へんせいふう》にのって出撃しやすい環境にあり、実際、中世にはイギリス国王はフランス国内に領地をもっていました。

一方の日本はどうかというと、世界でも最大級の強い海流である**黒潮《くろしお》**が太平洋側を流れ、その支流が対馬《つしま》海流となって朝鮮半島とのあいだを流れます。大型船でもなければ、朝鮮半島や中国大陸との往来は命がけの旅となりました。それほど**航海のリスクが高いことから、日本が朝鮮半島に領地をもつようなことは近代まで起きませんでした。**

イギリスがシー・パワーで世界覇権を唱えたのとは対照的に、じつは日本のシー・パワーは激しい海流に遮られ、海外に進出するほど発達しなかったのです。ただ逆にいうと、激しい海流によって日本の国土はつねに守られてきたといえます。

瀬戸内ルートが発達

日本でも、瀬戸内海は古来からシー・レーンとして発達しました。内海なので穏やかで、一年中安全な往来が可能だったからです。神武東《じんむとう》征《せい》のルートになったことも象徴的です。**こうした海域ではシー・パワーが発達します。**中世、村上水軍《むらかみすいぐん》が活躍したのは瀬戸内海でした。

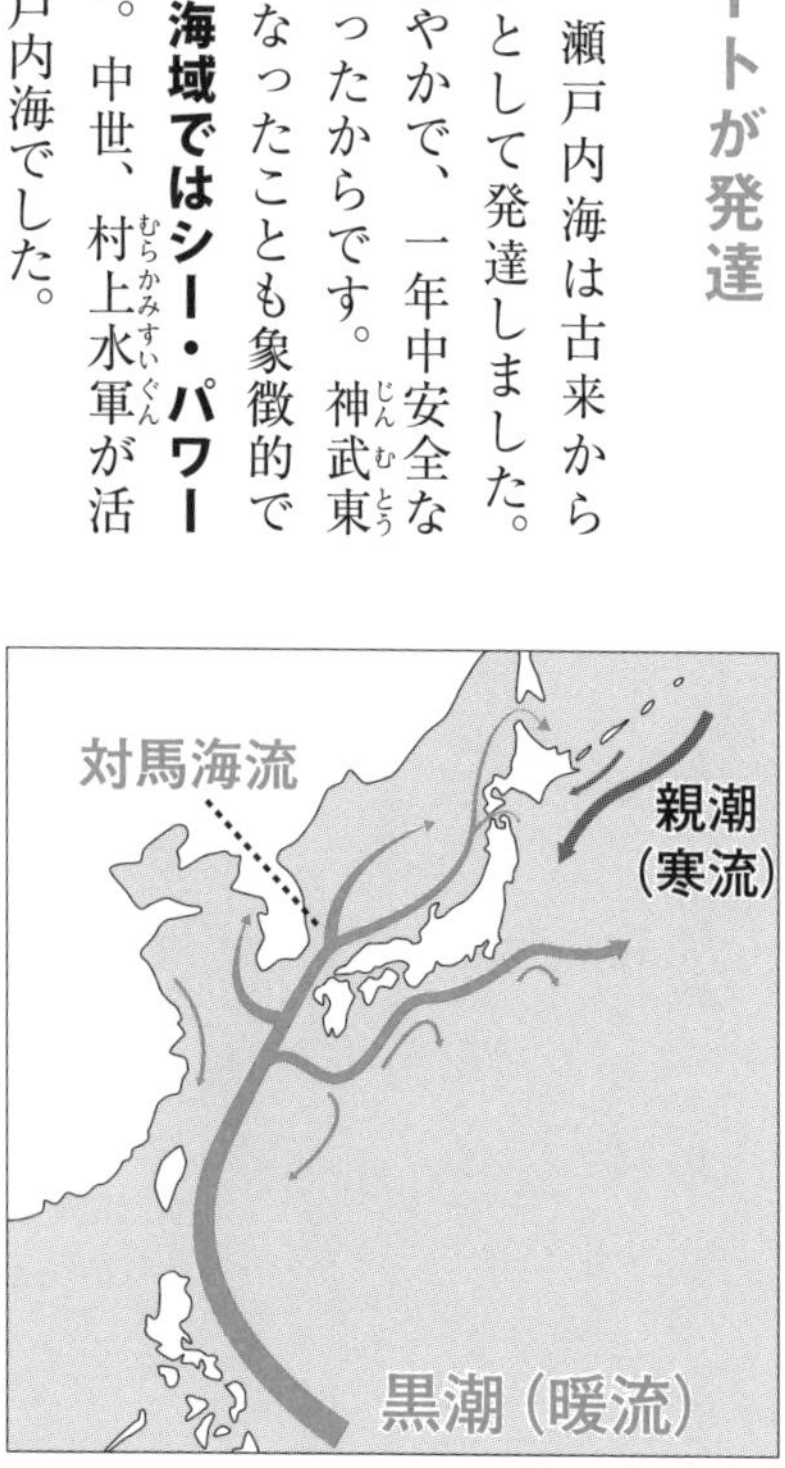

日本近辺の海流

日本列島の周囲に流れる強い海流「黒潮」

↓

外海に出るのは難しいが、守りが固い

同じシー・パワーの国でも近海の環境次第で戦略は異なる

第6章

紛争と大国の思惑が渦巻く

中近東の地政学

人工的国境画定で書き替えられた中東

第6章
中近東の地政学

中東の混乱の原因はどこにあるのか

なぜ中東では争いが絶えないのか？

↓

人工的に設定された国境が原因の1つ

第1次世界大戦後

英・仏・露でオスマン帝国領を分割する（サイクス・ピコ協定）

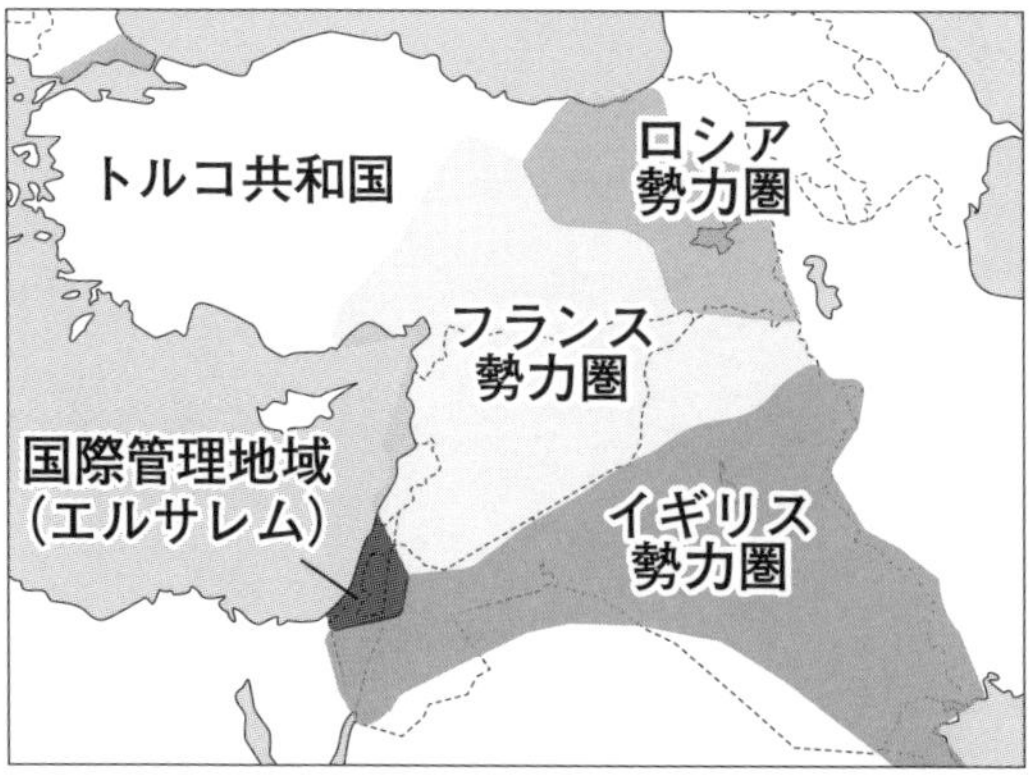

※破線は現在の国境

宗派や人種の分布は考慮されずバラバラに

↓

統一意識の低い、人工的な国家の誕生

サイクス・ピコ協定でアラブがバラバラに

かつての中東は安定していました。オスマン帝国がしっかり統治していて、宗派対立も民族対立もほとんど起きませんでした。

ところが20世紀初頭、**中東方面への進出をうかがうロシアとドイツがぶつかります**。ドイツの台頭を嫌うイギリスとフランスはロシアと手を組み、オスマン帝国はロシアの南下政策を防ぐためドイツと手を組みました。

こうして勃発した第1次世界大戦は、オスマン帝国が不利となります。すると1916年、英・仏・露は、戦後のオスマン帝国領をどうするか、あらかじめ決めておこうということで、サイクス・ピコ協定を結びました。

その内容は、**地図上にただ定規で線を引いたような、民族や宗教の分布を無視したもの**でした。それがほとんどそのまま実行されたので、いまのシリア・イラク・ヨルダンあたりの国境線は、ほとんど直線になっています。

Point

民族や宗教の分布を無視して国が作られ、宗派対立や部族紛争が今も頻発する

民族・宗教の分布を無視された中東

紛争の火種となっている民族・宗教の分布

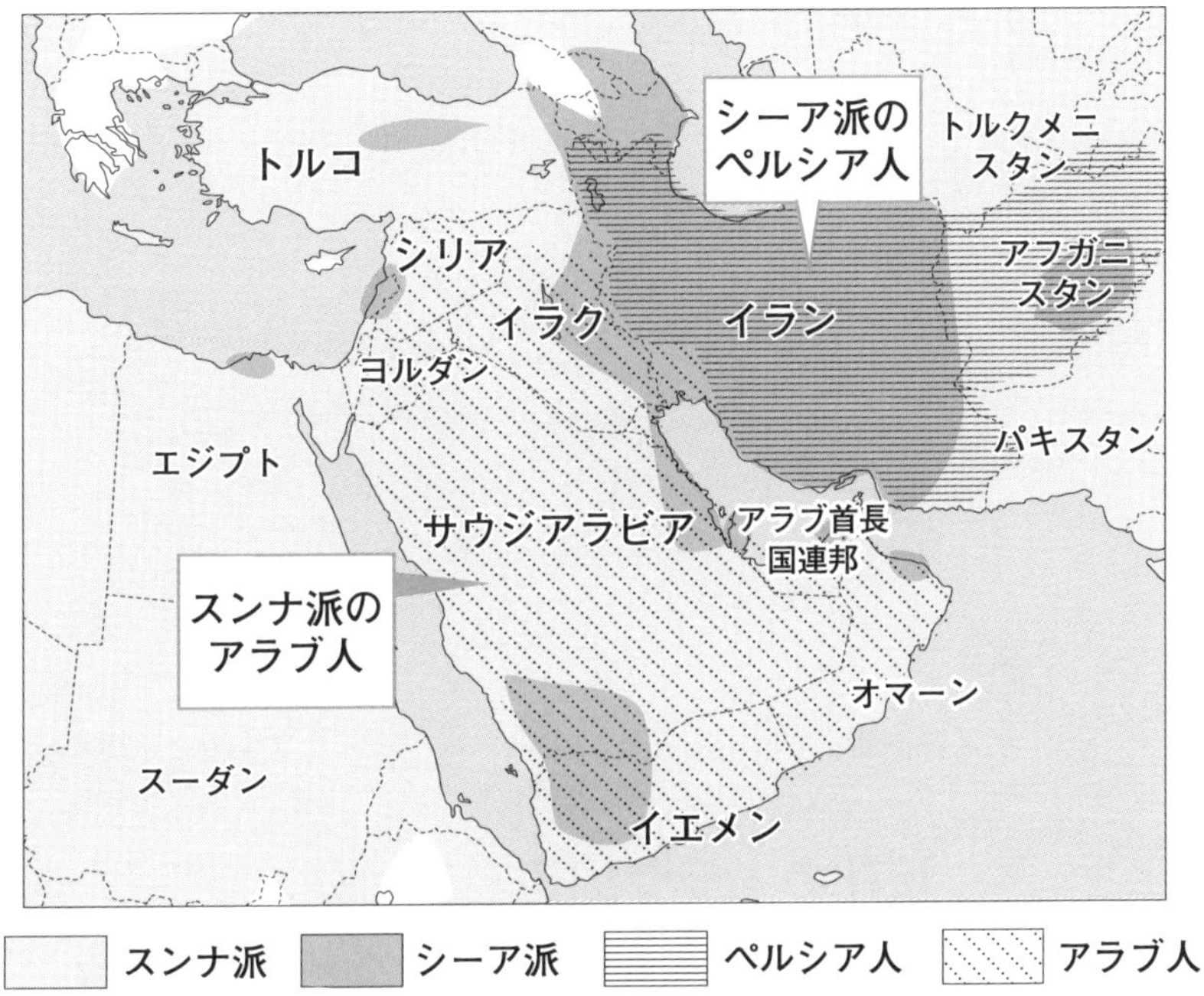

大戦を経て、戦後に欧米諸国の傀儡政権が誕生

↓

欧米勢力を排除した「アラブの再統一」を目指し各国に独裁政権が誕生する

　1917年のロシア革命によって、ロシアはこの協定を放棄しましたが、結局、ロシアの取り分をのぞくと、サイクス・ピコ協定の通りに分割されてしまいました。

　こうして、**いまのイラクやヨルダン、レバノン、シリアという国が人工的につくられ、英仏の影響の強い傀儡《かいらい》国家となりました。**

国家意識が強くない

　1956年、エジプトのナセルは、英仏が管理していたスエズ運河を取り戻すために争いました（スエズ戦争）。アメリカとソ連がエジプトを支援したことで、英仏は追い出されます。

　英雄となったナセルの意志をつぐように、各国に独裁的な指導者があらわれます。これらの指導者はいずれも、英仏ではなくソ連の支援を受けました。ただ、石油利権を狙ったアメリカも中東にいて、冷戦時代の中東は、ソ連とアメリカの争いの場となりました。

　そしてソ連が崩壊すると、アメリカは親ソ政権をつぶしにかかりました。ただ、独裁政権が倒れたとしても、**人工的につくられた国ですから、「自分はイラク人」などという意識が薄い**のです。自分の国を立て直すという意欲がありません。宗派対立や部族紛争が噴出するだけで、中東の混乱が深まりました。

アメリカと対立を深めるシーア派の大国・イラン

ペルシア帝国をルーツにもつイラン

17世紀

オスマン帝国
（トルコ、スンナ派）

サファヴィー朝
（イラン、シーア派）

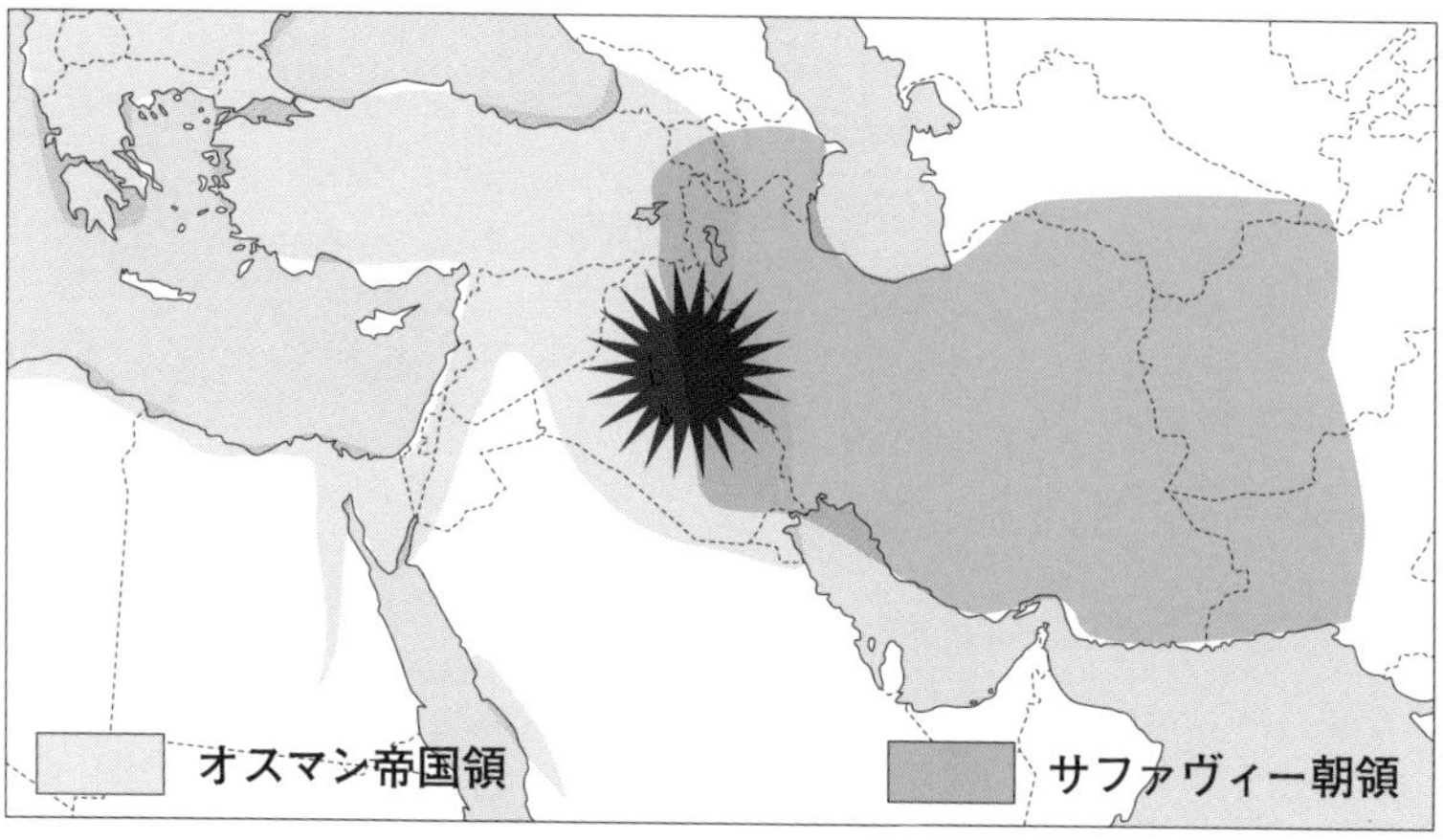

現在のイラク周辺を舞台に、近隣のスンナ派勢力と覇権争いを繰り広げる

近代以降は、欧米列強の草刈り場になる

グレート・ゲームを演じたイギリスとロシアによって分割され、のちにイギリスの傀儡政権が建った

ルーツはペルシア帝国

「スンナ派のアラブ人」が多いイスラム圏にあって、**イランは「シーア派のペルシア人」の国**です。歴史的にはイラン高原に生まれた歴代の超大国・ペルシア帝国がルーツです。

16世紀、イラン高原に成立したサファヴィー朝は、サファヴィー教団がもとになっていて、その教義はシーア派の教義となじむことから、シーア派が採用されました。ここからイランはシーア派の国となったのです。

欧米列強の草刈り場に

近代以降のイランは、欧米列強の草刈り場となります。19世紀には、イギリスの傀儡政権が建てられ、戦後は、イギリスとアメリカが支援する国王パフレヴィー2世の独裁政権となりました。

ところが、この親英米の独裁政権をたおそうと、シーア派の法学者ホメイニが立ち上が

Point

イラン革命で反米政権が樹立してから アメリカ対イランの構図が続いている

アメリカとの敵対関係が継続する

戦後のイラン　親英米の独裁政権が建つ

↓

1979年　イラン革命

シーア派のホメイニ指導のもと
国内から英米を一掃

ホメイニ

↓

イランとアメリカの敵対関係が始まる

アメリカ陣営

・サウジアラビア
・トルコ
・イスラエル

イラン陣営

ライシ大統領

・EU諸国
・中国

ISの出現で一時期は関係が近づいたかに見えたが、
基本的にこの対立構造が続いている

りました。１９７９年のイラン革命です。イラン革命は成功し、英米勢力は国内から一掃されます。ここから、**イランとアメリカの敵対関係がはじまるとともに、新たなグレート・ゲーム**がはじまりました。

イランからアメリカがいなくなったことから、その空白を埋めるようにソ連が南下しました。このときアフガニスタンで結成されたのがアルカイダで、のちにアメリカを脅かすテロ組織となります。また、イラクのフセインもイランに侵攻し、イラン・イラク戦争が勃発します。

しかし、ソ連とイラクはかえって国力を消耗させて崩壊。その権力の空白地帯に生まれたのがＩＳ（イスラム国）ということになります。

さて、**イラン革命からはじまったイランとアメリカの敵対関係は、ブッシュ（子）政権時代に先鋭化します**。ブッシュはイランを「悪の枢軸《すうじく》」とよび、核開発を非難し、西側諸国とともに経済制裁をかしました。

オバマ政権では打倒ＩＳでイランに接近しましたが、トランプ政権は核開発をめぐり経済制裁を強めました。

イランはロシア・中国との関係を深めています。バイデン政権は、反イランのイスラエルやサウジアラビアと包囲網をつくろうとしています。ただ、**サウジアラビアとの関係は悪化していて、ロシアに寝返る恐れもあります**。

ヨーロッパと縁の深いトルコ

15世紀以降のオスマン帝国の支配によって
それまでのキリスト教文化からイスラム化する

第1次世界大戦後、英仏による分割の危機に

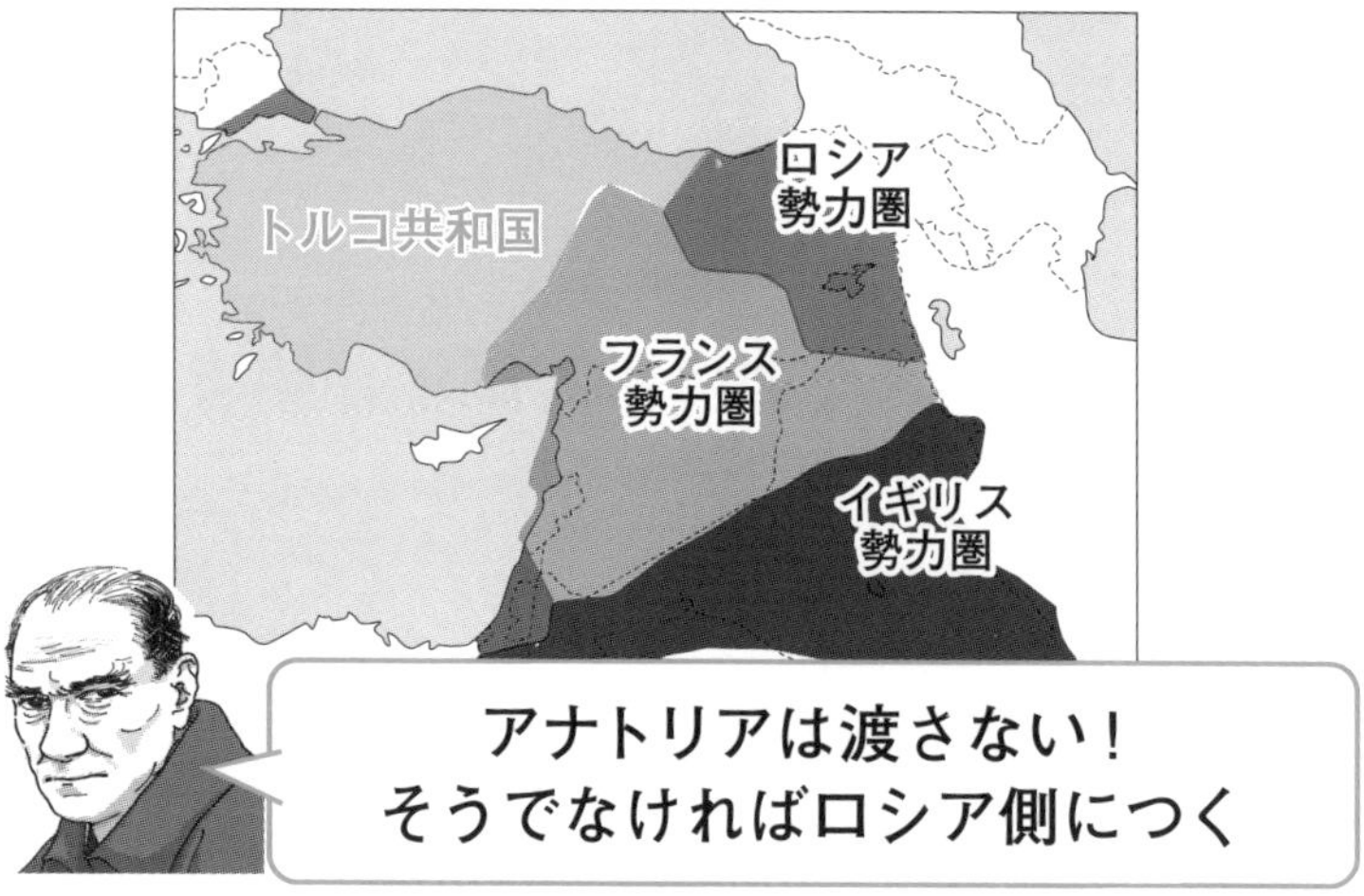

アタテュルク

「世俗主義」を掲げ、トルコ共和国として独立

- イスラム教を国教から外す
- アルファベットの導入
- 一夫多妻制の禁止
- 女性の参政権

世俗主義で近代化

トルコは15世紀以降のオスマン帝国の支配でイスラム化しました。現在は**国民の99％がイスラム教徒**です。

第1次世界大戦後、ムスタファ・ケマル・アタテュルクが革命を起こし、英仏に狙われていたオスマン帝国を崩壊させ、トルコ共和国を樹立します。**アタテュルクは、英仏との交渉でロシア側につくことをちらつかせ、アナトリア（トルコ本土）を守りました。**

初代大統領となったアタテュルクは、トルコ共和国の基本原則に「世俗主義（政教分離）」をすえ、欧米のような国をめざします。

イスラム主義を復興

トルコはヨーロッパとの関係を重視し、イスラム世界の国では唯一のＮＡＴＯ加盟国となりました。アメリカの軍事援助を受け、**南下政策をとるロシア（ソ連）の脅威から地中**

Point

NATO加盟国で世俗主義をとるが、EUには入れずロシアと友好関係を保つ

トルコとクルド人

戦後のトルコ

・欧米との関係を重視
・NATOに加盟

方針を一転させ、イスラム主義を復興し中東関与を深めるエルドアン大統領

トルコ東部にいるクルド人勢力の掃討にかかる

エルドアン

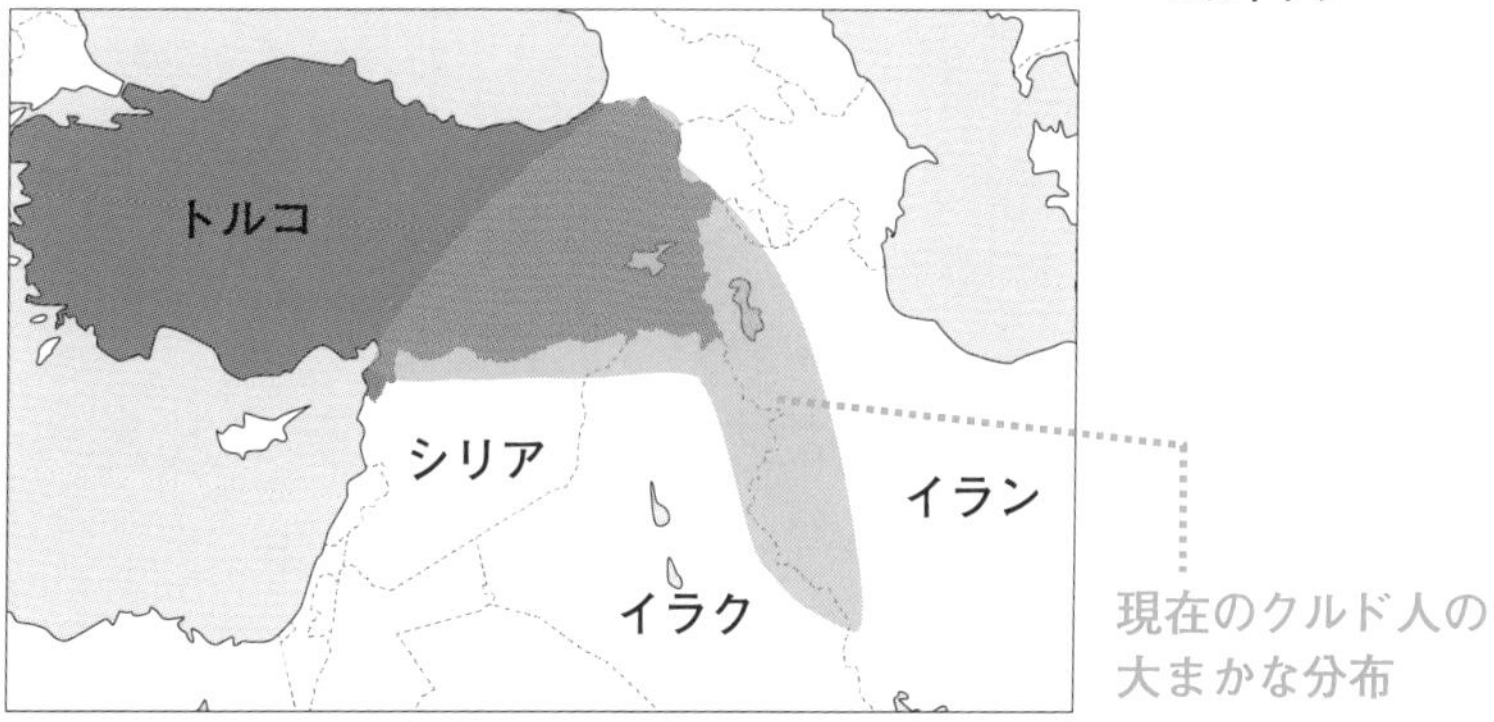

対アメリカ 米軍がクルド人勢力の支援をやめ、歩み寄りへ

対ロシア 制裁には加担せず、中立の立場を保つ

海を守る防波堤の役割を果たしてきたのです。また、2005年からEUへの加盟交渉がスタートしましたが、交渉はほとんど進んでいません。じつは、トルコ国内ではイスラム主義が復興しつつあります。その中心にいるのがエルドアン大統領です。

トルコでは欧米を手本に産業が発展しましたが、それによって貧富の差が生まれました。そこでエルドアンは「富を再分配して助け合うイスラムの精神に戻ろう」と主張し、人気を獲得しました。

エルドアンのイスラム主義には富裕層を中心に批判がありました。**「世俗主義の番人」である軍部がクーデターを起こしましたが、エルドアンに対する国民の支持が強く、クーデターは失敗に終わります。**

また、アメリカとの関係は対クルド人事情から冷え込んでいました。ISをたおしてシリア北部で独立しようとするクルド人を米軍が支援していたからです。しかし、IS壊滅にともないシリアから米軍が撤退。トルコにとっては、クルド人武装勢力を攻撃しやすい環境となり、緊張が高まっています。

ウクライナ戦争では、ロシアともウクライナとも友好関係を保ち、中立の立場です。国際的な対ロシア制裁にも加わらず、ロシア産原油と天然ガスの輸入量を増やしています。

イランと対立するイスラエル

パレスチナ問題とは何か

ユダヤ系
イスラエル
（親欧米派）

アラブ系
パレスチナ
（反欧米、親ロシア派）

きっかけは…

イギリスの三枚舌外交
それぞれに対して良い話になるように矛盾した協定を結ぶ

イギリス → ユダヤ
パレスチナにユダヤ人国家をつくっていいよ

イギリス → アラブ
アラブ人で独立していいよ

イギリス → フランス
オスマン帝国領は我々で分割しよう

元々パレスチナに住んでいたアラブ人と移住してきたユダヤ人が衝突

4回にわたる中東戦争へ（1948～1973年）

イスラエルはアメリカが支援することで、ソ連が支援するアラブ諸国に対抗

戦後に生まれた新国家

イスラエルは第2次世界大戦後にできた新しい国で、**中東最大の親米国家**です。

第1次世界大戦中、イギリスは「バルフォア宣言」を交わしていました。イギリスがユダヤ系資本家のロスチャイルド家から戦費を調達するかわりに、パレスチナにユダヤ人国家を建設することを約束したものです。

この結果、パレスチナにユダヤ人の移住がはじまり、当然、**もともとパレスチナに住んでいたアラブ人との激しい衝突が起きます。**

第2次世界大戦後、国連はパレスチナをユダヤ人国家のイスラエルとアラブ人国家に分割することを決めましたが、双方納得せず、イスラエル・アラブ諸国間で中東戦争が4回にわたって引き起こされることになります。

アメリカは、ソ連が軍事支援するアラブ諸国と対峙するための拠点として、イスラエルを地政学的に重要視して軍事支援していました。ところが、冷戦の終結によってイスラエ

Point

イランの核武装に警戒しながら、アメリカとの関係を強くしている

イスラエルに迫る脅威

ハマス		ヒズボラ
ガザ地区	拠点	レバノン
スンナ派	宗派	シーア派
特になし	支援する国	イラン

イランが所有する核が
ヒズボラに渡る恐れ

↓

イスラエルは
イランの核武装を警戒

イスラエルとアメリカは対イラン目的で関係を強める

ルの重要性が低下すると、１９９３年の**パレスチナ暫定自治協定**につながりました。イスラエルが占領地ガザとヨルダン川西岸から撤退してパレスチナ人の自治政府を認めるかわりに、パレスチナ解放機構（ＰＬＯ）がイスラエルを承認する、という内容でした。

ただ、やはり両者納得とはいかず、互いに報復合戦を繰り返し、パレスチナ問題は先の見えない悪循環に陥っていきました。

ヒズボラとイランの脅威

いまのイスラエルにとっての脅威は大きく２つあります。１つはガザ地区を拠点とする**スンナ派武装組織ハマス**、もう１つは隣のレバノンを拠点とする**シーア派過激派組織ヒズボラ**です。ヒズボラはシーア派のイランが支援しており、イランが核兵器をもてばヒズボラに渡る可能性があるため、**イスラエルはイランの核武装を警戒**しています。

そんななかトランプ政権は、２０１８年５月に在イスラエル米国大使館を西エルサレムに移転させました。歴代の政権が、パレスチナ側に配慮して先延ばしにしてきたこの移転を実行に移したことでユダヤ民族からの信頼感は格段に高まりました。両国の関係は、対イランという目的を同じくして強まっています。

column6

エネルギーと地政学

米露のエネルギー覇権

20世紀のエネルギー地政学の中心は中東でしたが、21世紀に入り、状況は一変しました。アメリカが、シェール革命により原油・天然ガスともに生産量世界トップとなり、**中東依存度を下げ、中東関与をやめています**。

一方のロシアも、原油・天然ガスの生産量を増やしています。

アメリカとロシアは、豊富な資源を戦略的に利用します。ロシアは欧州向けのガスパイプラインを増設し、欧州依存度を高めました。ウクライナ戦争により、欧州がロシア依存脱却をはかると、アメリカがその代替供給源に名のりをあげました。ロシアは代わりに中国への供給を増やします。

アメリカやロシアのように、エネルギーを自給、輸出できる国は強国になります。資源のない国でも、フランスは、原発によってエネルギー自給率を高め、電気エネルギーの輸出国になりました。対照的なのが原発を撤退したイタリア、撤退を決めたドイツです。**他国へのエネルギー依存は、必ず弱点になります**。

カントリーリスク

海外のエネルギー事業に参加する場合、「カントリーリスク」を考えないといけません。**その国の政情不安や政権転覆、戦争などによって事業が無駄になるリスクがある**からです。

かつて1979年のイラン革命により、同国での日本の原油開発事業は失敗に終わりました。現在は、日本が参画するロシアのサハリンが同じようなリスクにさらされています。

こうしたリスクに備え、エネルギー調達先の多角化が必要になります。

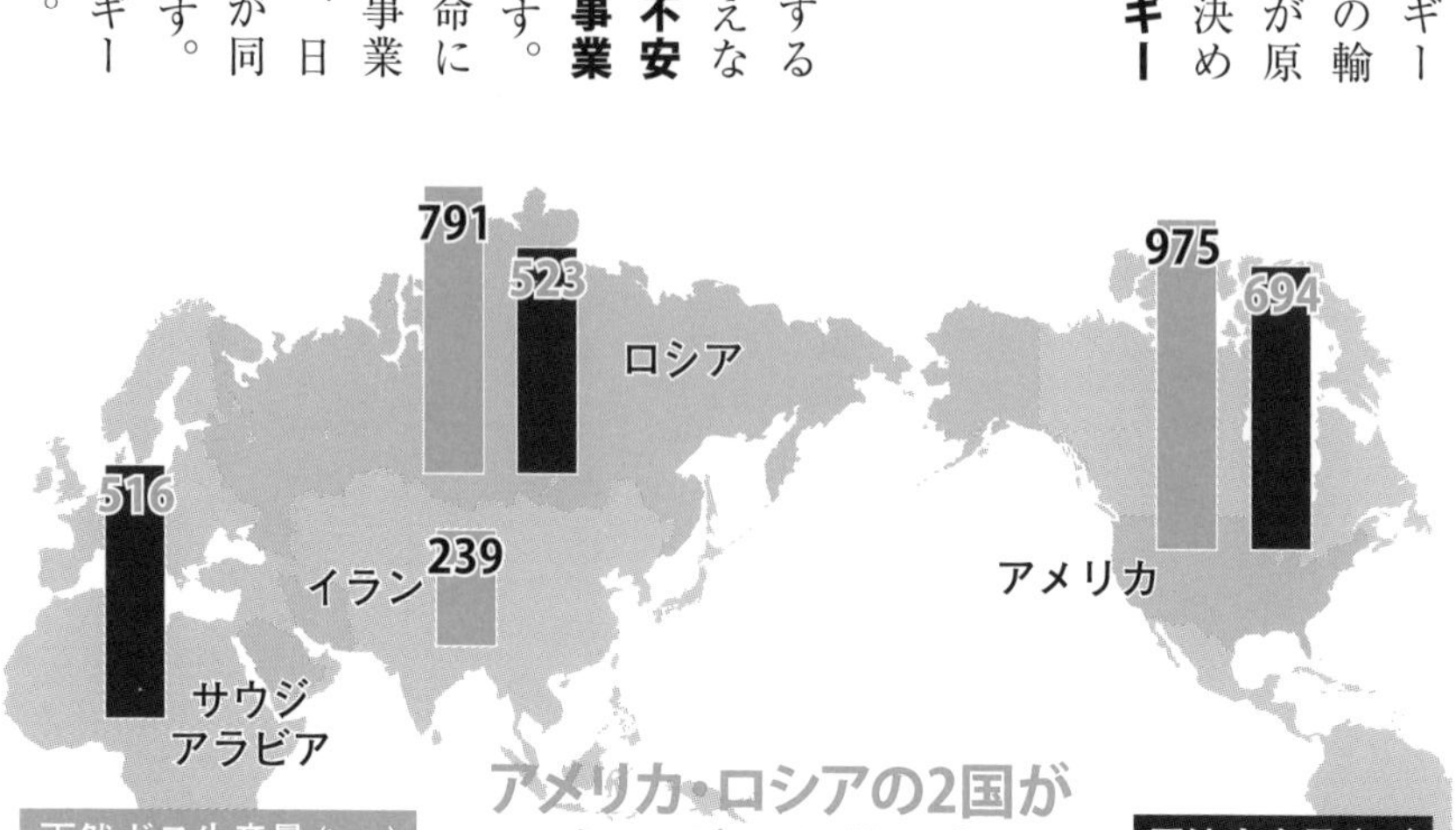

アメリカ・ロシアの2国がエネルギー覇権も握る

第7章

大国の情勢を映す

アジアの地政学

大国のバッファゾーンとなる朝鮮半島

常に大国のバッファゾーンだった朝鮮半島

朝鮮半島は常に大国がせめぎあうバッファゾーン

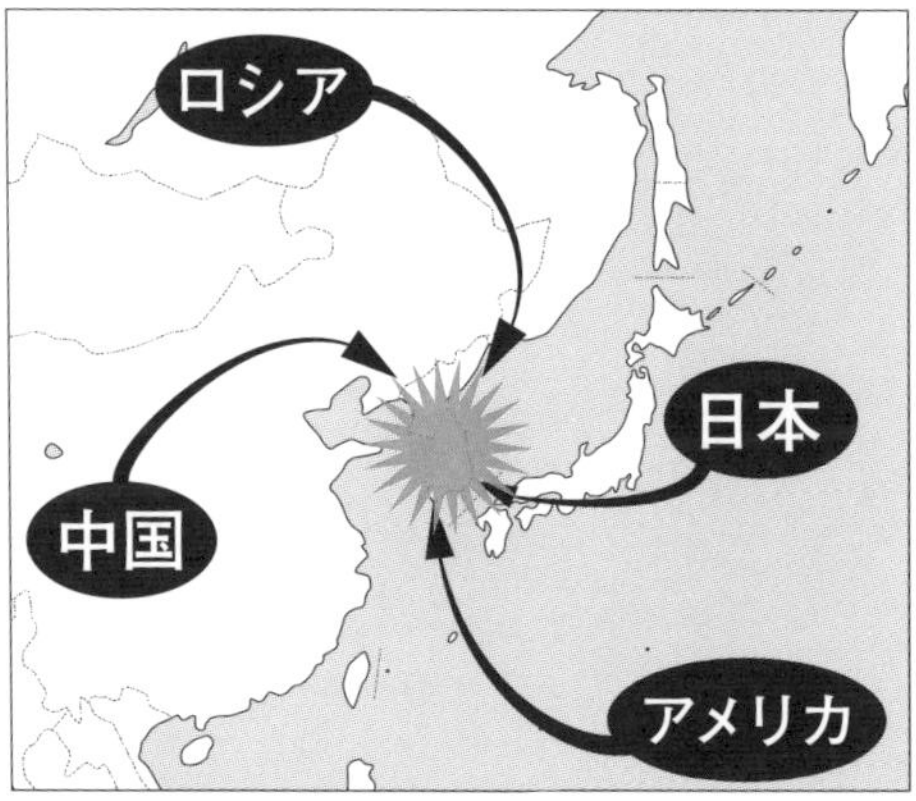

例

- **日清戦争（1894）**
  清の弱体化を受け、シー・パワーの日本が攻め込む
- **日露戦争（1904）**
  清の弱体化に伴い、ロシアが南下してきたことで日本がその侵攻をくいとめる

ランド・パワーの反日勢力を朝鮮半島で退ける戦い

朝鮮半島にとって中国はもっとも関係の深い国

朝鮮半島は戦場となる宿命

中国大陸から海洋につきでた朝鮮半島は、各国のパワーがせめぎあうバッファゾーンになります。**中国にとっては日・米など海洋からの侵略を防ぐための、日本にとっては中国の歴代帝国や南下するロシア（ソ連）からの侵略を防ぐバッファゾーン**となりました。

朝鮮はつねに、国境を接する歴代の中華帝国の脅威にさらされてきました。それでも、中国の侵攻に対して抵抗と忠誠を使い分けながらうまく渡り合ってきたのです。その意味では、よくも悪くも、朝鮮にとってもっとも関係の深い国はランド・パワーの中国になります。

19世紀後半に中国（清）が弱体化すると、シー・パワーの日本が朝鮮半島をうかがうようになり、その対立が日清戦争に発展して、日本が勝利します。

清の力が衰えると、こんどはロシアが南下してきました。日本はロシアの侵入をくいとめるべく、イギリスと同盟してロシアと戦い

Point

北朝鮮は中露と結びつき、韓国は情勢に応じて中国や日米との結びつきを強める

朝鮮半島　それぞれの国の戦後

北朝鮮の戦後
「主体思想《チュチェ》」を掲げ、
独自の道へ
一方、経済面で中露と結びつく
ソ連（ロシア）
・中国
ランド・
パワー
ソ連とアメリカ
の代理戦争の
舞台になる
韓国の戦後
シー・パワー化、
日米陣営へ
ただし政権によって中国化も
シー・
パワー
アメリカ
・日本

2022年の韓国 尹錫悦《ユンソギョル》新政権は
反北朝鮮・日米との関係改善の方針

ました。これが日露戦争です。

結局、日本にとっての日清・日露戦争は、ランド・パワーの反日勢力を朝鮮半島というバッファゾーンで退けるための戦いでした。

南北の支援国が大転換

1950年の朝鮮戦争は、当初は**「アメリカ支援の韓国vsソ連支援の北朝鮮」**でしたが、途中から中国が参戦し米中戦争の様相をなします。

朝鮮戦争の結果起きたことは、韓国のシー・パワー化です。韓国は北朝鮮を挟んで中国大陸と分断され、実質的に「島国」となり、同じシー・パワーの日米の陣営に入ります。

その後、中国が大国化するなかで日米と距離をとり、中国寄りになりました。しかし、2022年に発足した尹錫悦《ユンソギョル》政権は対北朝鮮を念頭に再び日米との関係改善を図っています。

一方、朝鮮戦争後の北朝鮮は、中国・ソ連にも支配されずに自立的にやっていく道を探りました。しかし、核開発問題で国際的な経済制裁の対象となったことで、中国に支援を求め、結果的に中国への依存度を高めていきました。

現在、**中露が結びつき、北朝鮮も連動してミサイル発射を繰り返しています。**ランド・パワー北中露とシー・パワー日米韓の対立という、朝鮮戦争当時の構図に戻りつつあります。

中国と対峙し続ける東南アジア

国力の弱い東南アジア諸国にとって重要なこと

有利なパートナー探し

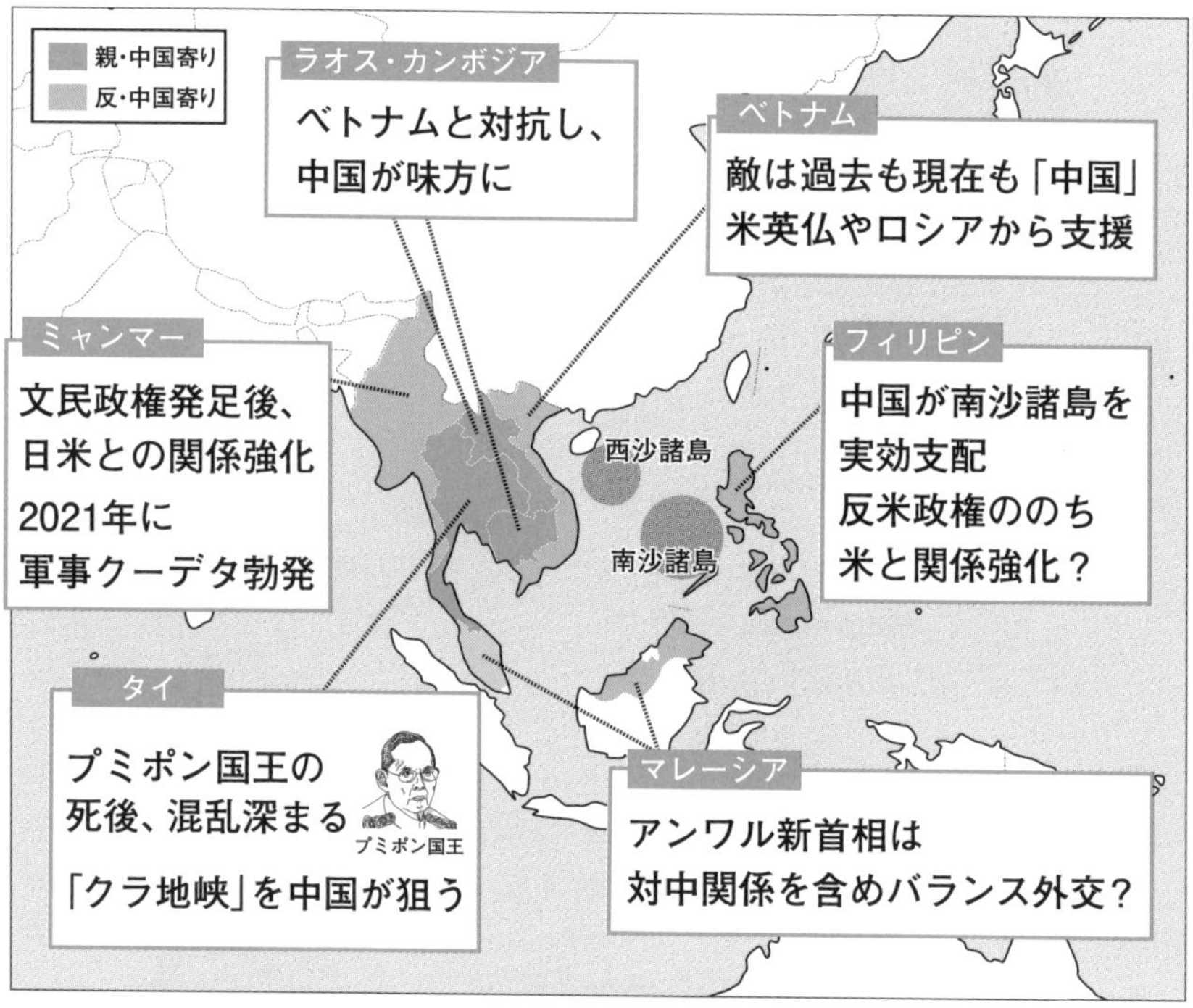

親・中国寄り
反・中国寄り
ラオス・カンボジア
ベトナムと対抗し、
中国が味方に
ベトナム
敵は過去も現在も「中国」
米英仏やロシアから支援
ミャンマー
文民政権発足後、
日米との関係強化
2021年に
軍事クーデタ勃発
フィリピン
中国が南沙諸島を
実効支配
反米政権ののち
米と関係強化？
西沙諸島
南沙諸島
タイ
プミポン国王の
死後、混乱深まる
「クラ地峡」を中国が狙う
プミポン国王
マレーシア
アンワル新首相は
対中関係を含めバランス外交？

**南沙諸島、西沙諸島をはじめとして
地政学的に重要な場所が散在する**

統一国家は生まれていない

東南アジアは、これまで一度も統一されたことはありません。ただ、中国や日本、欧米などの大国がたびたび進出してきました。**中国大陸のリム・ランドとマージナル・シーにあたる東南アジアは、地政学的にとても魅力的なのです。**

まずベトナムですが、**ベトナムの敵はつねに、国境を接する中国**です。中国は、南シナ海にある西沙《せいさ》諸島を、インドシナ戦争後とベトナム戦争後に半分ずつ接収し、近年は地対空ミサイルを配備するなどして実効支配を強めています。これに対しベトナムは、各国と連携して中国に対抗しています。ベトナムは中国の海洋進出を抑える重要拠点なので、大国の支援は手厚くなっています。

一方で、**カンボジアとラオスは反ベトナム・親中の姿勢**です。中国は、東南アジアでは「カンボジアとラオスを支援して、ベトナムやフィリピンと対立する」という構図になっています。

Point

地政学的な価値をうまく活用しながら中国や欧米の大国から支援を受ける

新たなシー・レーンの要衝

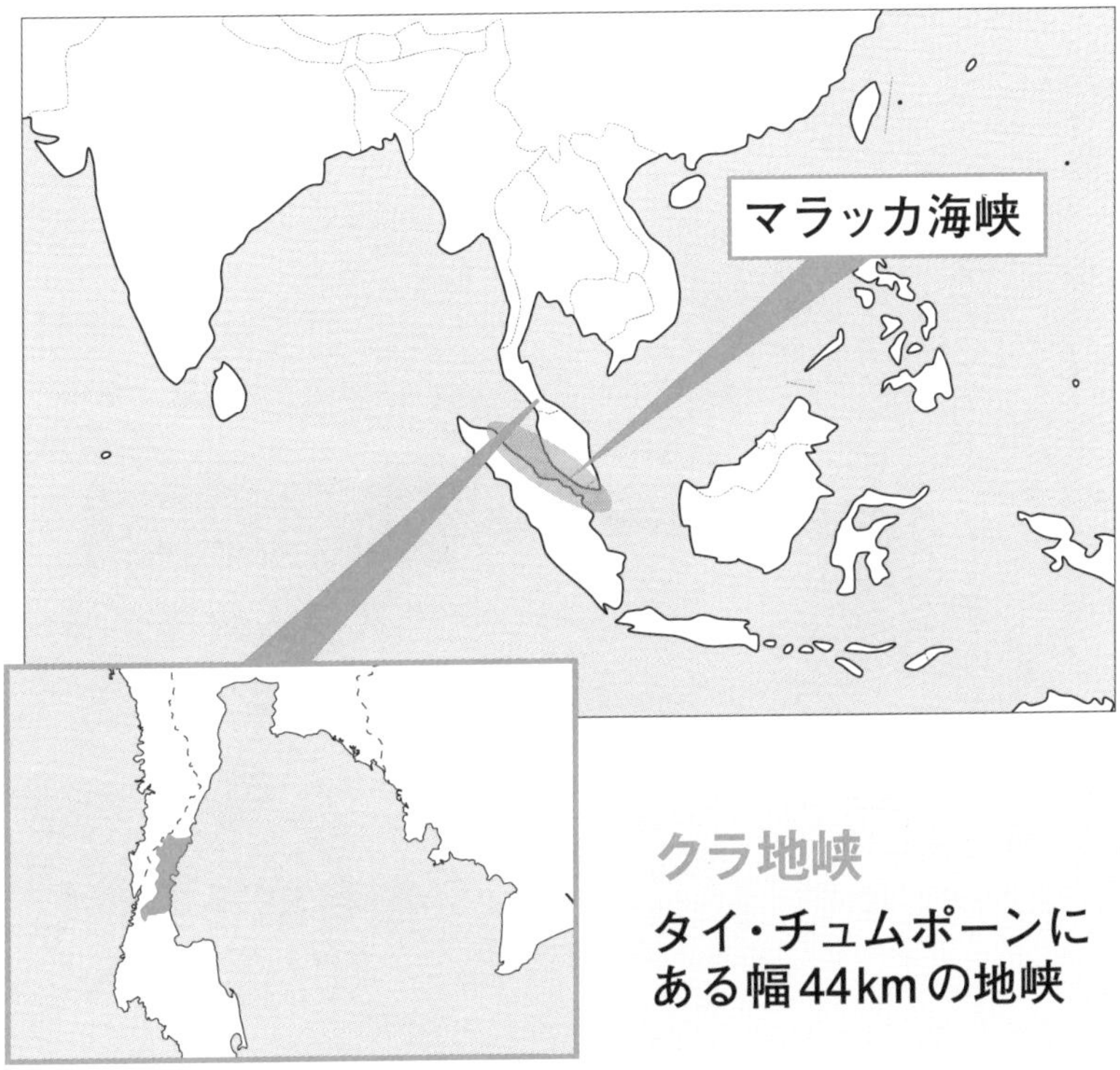

マラッカ海峡はアメリカがおさえており、中国としてはあまり依存したくない

新たな「クラ運河」の建設に意欲を見せる

新たなシー・レーンの要衝

タイは東南アジアでは唯一、植民地化を逃れた国です。タイの領土のなかでも、地政学的に注目されているのが、**「クラ地峡」**です。マレー半島中央部のもっとも狭い部分（44キロ）です。**ここに「クラ運河」ができれば、マラッカ海峡経由より航路が大幅に短縮されます。**

昔からインドと中国をつなぐシー・レーンの要衝にマラッカ海峡がありますが、海洋覇権を狙う中国にとって、アメリカが安全保障を担うマラッカ海峡に依存することは大きなリスクです。そこで中国は、マラッカ・ジレンマを解消する1つの手段として、クラ運河建設に関心を高めています。

中国を警戒するフィリピン

戦後のフィリピンは、**米軍を撤退させたことで中国の海洋進出を招き、南沙諸島の実効支配をゆるすことになりました。**これを見て一度は米軍を呼び戻そうとしましたが、２０１６年に大統領となったドゥテルテは完全な反米で、中国に接近します。しかし、２０２２年に就任したマルコス大統領は、中国の南シナ海での海洋進出を警戒し、アメリカとの関係強化に転じています。

中国・パキスタンに包囲される
インドの地政学

インドとパキスタンの対立関係

インドの独立後、
宗教をベースに２つの州がさらに分離独立する

イスラム教徒
・パンジャーブ州
・ベンガル州

ヒンドゥー教徒
・インド

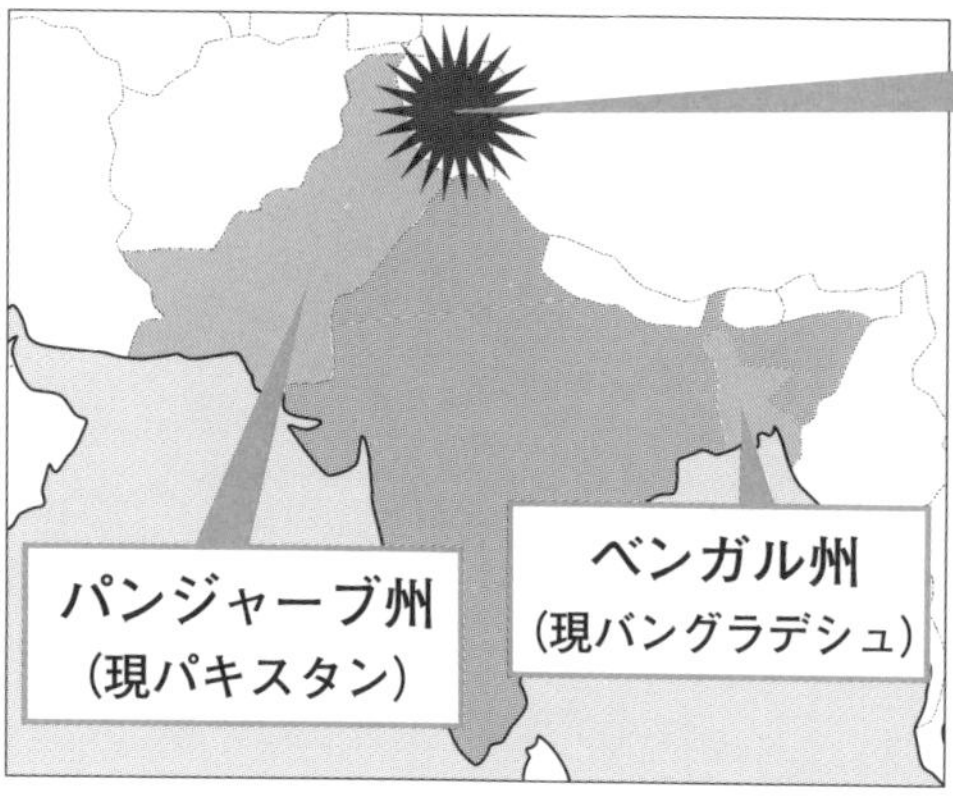

イスラム教徒が多い
インド領

領有権を主張し
印パ戦争へ

中国の核が連鎖を生み、印パ両国が核武装へ

パキスタンと対立

イギリス領だったインドは、１９４７年に独立します。このとき、イスラム教徒が多かった北西部のパンジャーブ州と東部のベンガル州はインドから切り離され、パキスタンとして独立しました。さらに東パキスタンは１９７１年にバングラデシュとして独立します。

この**宗教をベースとした分離独立は、紛争の火種となりました。**カシミール紛争です。インド最北部のカシミール州はイスラム教徒が多く、住民はパキスタン帰属を望んでいたにもかかわらず、インド領となってしまいました。これが発端となって、インドとパキスタンの両軍が領有権を主張して介入する印パ戦争が繰り返されるようになったのです。

この争いは、**両国の核武装を招きました。**

「真珠」vs「ダイヤ」の攻防

インドと中国は、潜在的にライバル関係に

Point

中国・パキスタンとは緊張が走るが、海上交通戦略で諸外国と関係をつくる

インドと中国のシー・レーン争い

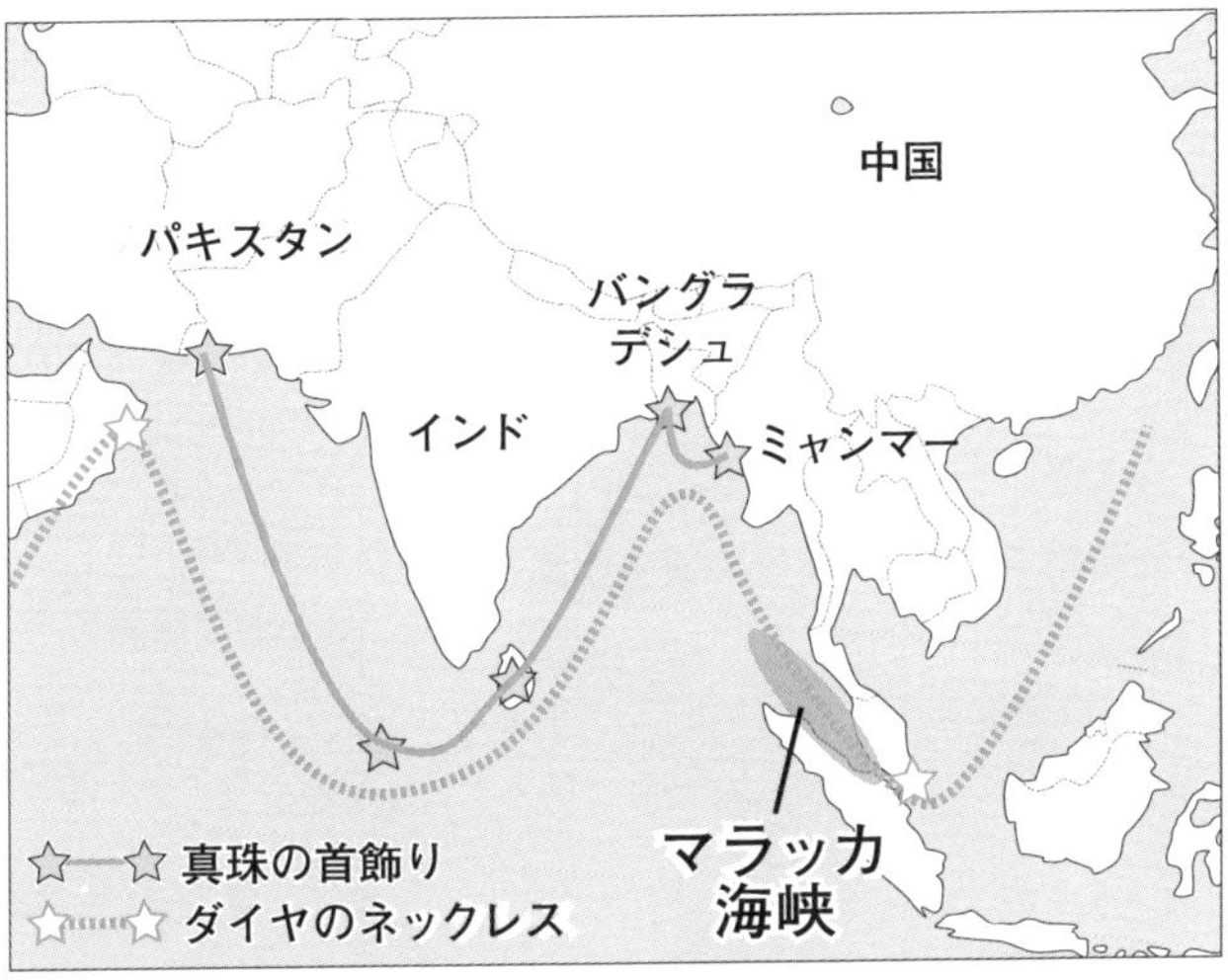

真珠の首飾り（中国）

パキスタン、スリランカ、バングラデシュ、ミャンマーを拠点にして、マラッカ海峡を使わないシー・レーンを確保

ダイヤのネックレス（インド）

アフリカ諸国、東南アジア諸国、日本、アメリカと協力関係をつくり、「真珠の首飾り」を外側から包囲

インドは、特定の国や勢力に依存しない「バランス外交」をとって戦略をねる

あります。

その中国が進める対インド戦略が**「真珠の首飾り」**です。中国は原油の海外依存度が５割を超え、ほとんどは中東・アフリカ方面から輸入しています。そのシー・レーンはインド洋からマラッカ海峡を経由するものですが、マラッカ海峡はアメリカがおさえているので、ここを阻止されたら中国は大きなダメージを受けます。これが「マラッカ・ジレンマ」です。**中国はマラッカ・ジレンマの対策として、シー・レーンにそっていくつかの拠点をきずこうとしています。**パキスタンやスリランカ、バングラデシュ、ミャンマーという国に巨額の投資をして、港湾施設をつくっています。

この戦略が、ちょうどインドに首飾りをかけるように包囲することから、「真珠の首飾り」と呼ばれているのです。

これに対しインドは、**「ダイヤのネックレス」**戦略を展開しようとしています。これは、アフリカ東部の国や東南アジア諸国、アメリカ、日本との協力関係をつくり、**「真珠の首飾り」を外側から包囲する**ものです。

ただ、２０１４年に首相となったモディ氏は、中国との関係修復に努めるほか、特定の国や勢力に依存しない「バランス外交」を取っています。そのなかにはアメリカも含まれ、米印は中国を念頭に戦略的連携を強化しています。

今後の日本がとるべき戦略は？

日本が今後、手をとるべきパートナーは？

現在の最大の脅威は中国

各国と連携した中国包囲網を形成する

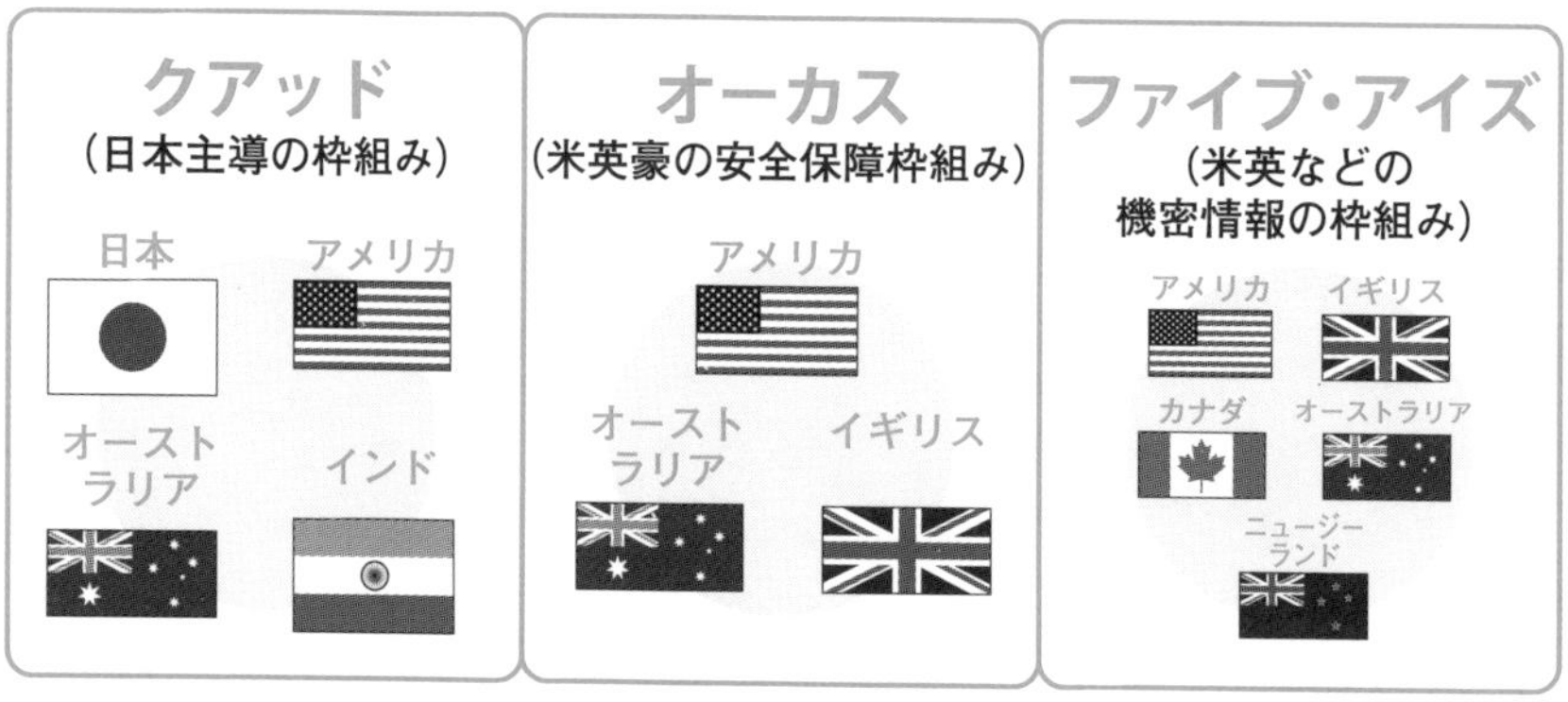

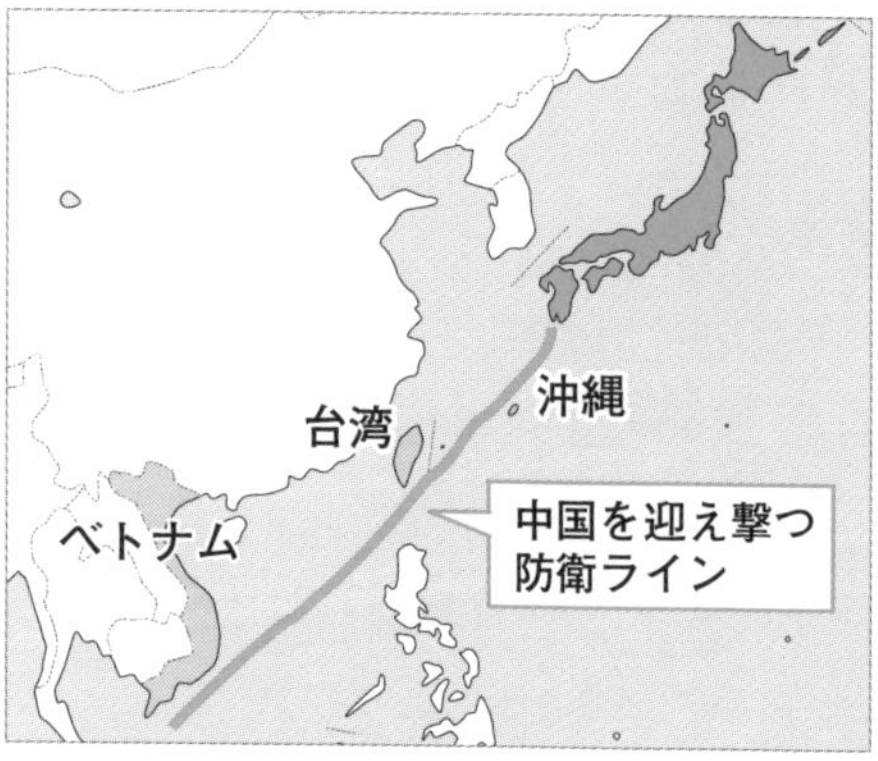

今後の課題

米軍基地の抑止力も活用しつつ、自主防衛力をいかに高めるか

対中戦略を構築する

現在の日本の最大の脅威は**中国**です。シー・パワーを強める中国を封じ込めるには、各国と連携した戦略をとる必要があります。

その1つが、**日本主導の「クアッド」**です。クアッドには、イギリスも参加の意欲を見せています。日英は連携を深めていて、「第2次日英同盟」の可能性も高まっています。

日本としては、米英豪3か国による安全保障の枠組み**「オーカス」**や、米英などによるグローバルな機密情報の枠組み**「ファイブ・アイズ」**にも加盟したいところです。

中国の海洋進出を迎え撃つときの防衛ラインは、沖縄・台湾・ベトナムです。そのとき、沖縄の米軍の存在が重要になります。

地元沖縄では米軍基地に対する反発が強まっていますが、もし**米軍が撤退して力の空白が生まれると、中国の進出は容易になります**。尖閣諸島も一瞬にして奪われるでしょう。フィリピンの苦い前例に学ぶべきです。

Point

アメリカ頼みの戦略を再考しながら、近海での新たな資源開発が求められる

新資源「メタン・ハイドレート」の可能性

メタン・ハイドレート

「燃える氷」と呼ばれる、メタンと水で構成される資源
二酸化炭素排出量は石油・石炭の約2分の1

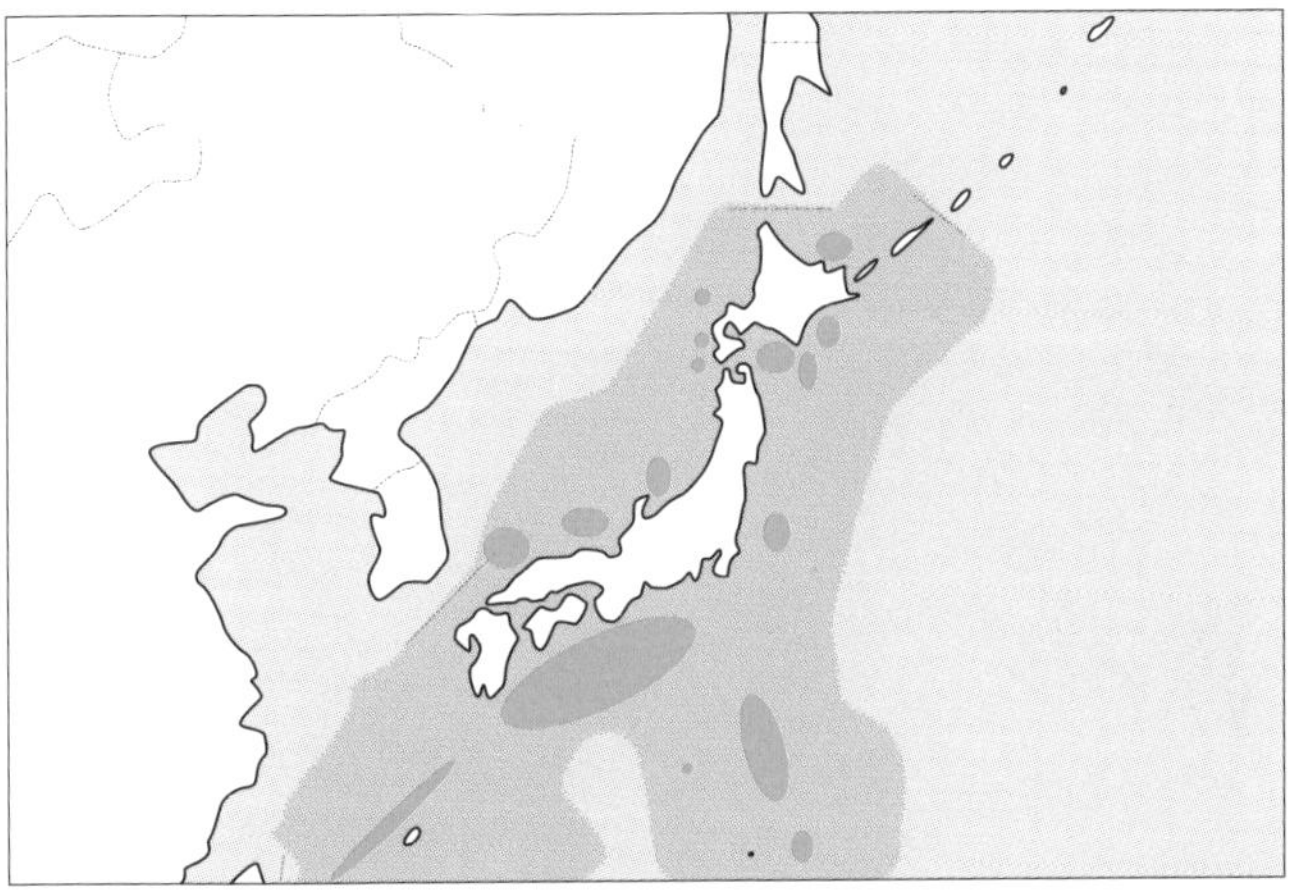

排他的経済水域　メタン・ハイドレート生産出域

国内で資源を発掘し、他国（主に中東）への依存度を下げる

↓

エネルギー輸入におけるリスクの軽減をはかる

現在、アメリカは対中国を念頭に、NATOをはじめとする同盟国にGDPの2％以上の国防費予算を求めています。日本の防衛費はGDP比1％ですが、これを2027年度に2％にする方向です。

日本としては、独立国家として自主防衛力を高めることも重要になります。そこで導入することになったのが、**敵基地攻撃能力**です。中国や北朝鮮は迎撃の難しいミサイルの開発を加速させていますが、これに対応するには、発射直前のミサイルを叩くしかありません。敵が攻撃に着手したあとに反撃するので、先制攻撃には含まれないと解釈されます。

世界第6位の広さ

いま求められるエネルギー戦略の方向性は、**中東依存度を下げていく**ことです。その解決策の1つが「資源の調達先の多角化」、もう1つは「国内資源の開発」です。日本は領土だけでは世界第61位ですが、領海と排他的経済水域（EEZ）を含めた海の広さは世界第6位です。

資源の開発ができるEEZからは、「燃える氷」といわれるメタン・ハイドレートが発見されています。こうした海底資源の開発を進めることで、エネルギー自給率を上げていくことができるのです。

【著者】

沢辺有司（さわべ・ゆうじ）

フリーライター。横浜国立大学教育学部総合芸術学科卒業。

在学中、アート・映画への哲学・思想的なアプローチを学ぶ。編集プロダクション勤務を経て渡仏。パリで思索に耽る一方、アート、旅、歴史、語学を中心に書籍、雑誌の執筆・編集に携わる。現在、東京都在住。

パリのカルチエ散歩マガジン『piéton（ぴえとん）』主宰。

著書に『図解 いちばんやさしい哲学の本』『図解 いちばんやさしい三大宗教の本』『図解 いちばんやさしい地政学の本』『図解 いちばんやさしい世界神話の本』『ワケありな映画』『ワケありな名画』『ワケありな本』『ワケありな日本の領土』『封印された問題作品』『音楽家100の言葉』『吉田松陰に学ぶ リーダーになる100のルール』『西郷隆盛に学ぶ 最強の組織を作る100のルール』『本当は怖い 仏教の話』『要点だけで超わかる日本史』『地政学から見る　日本の領土』（いずれも彩図社）、『はじめるフランス語』（学研プラス）、『地政学ボーイズ』（原案・監修／ヤングチャンピオン）などがある。

図解　いちばんやさしい地政学の本

2023年1月18日第一刷

著　者　沢辺有司
イラスト　梅脇かおり
発行人　山田有司
発行所　株式会社　彩図社
東京都豊島区南大塚3-24-4
MTビル　〒170-0005
TEL：03-5985-8213　FAX：03-5985-8224
印刷所　シナノ印刷株式会社

URL：https://www.saiz.co.jp
https://twitter.com/saiz_sha

ISBN978-4-8013-0639-4 C0031

※本書は、小社刊『図解　いちばんやさしい地政学の本（文庫判／ 2022年4月12日）』をもとに再編集・図式化したものです。